Apfel
und
Birne

Stocker

Umschlaggestaltung: Werbeagentur Rypka GmbH, 8143 Dobl/Graz
Titelbild: Zimtäpfel auf Blätterteig, Rezept siehe S. 52
Alle Rezepte und Rezeptbilder: Kochen & Küche, Graz

Der Inhalt dieses Buches wurde vom Verlag nach bestem Gewissen geprüft, eine Garantie kann jedoch nicht übernommen werden. Die juristische Haftung ist ausgeschlossen.

Bibliografische Information Der Deutschen Bibliothek
Die Deutsche Bibliothek verzeichnet diese Publikation in der Deutschen Nationalbibliografie; detaillierte bibliografische Daten sind im Internet unter http://dnb.ddb.de abrufbar.

Hinweis: Dieses Buch wurde auf chlorfrei gebleichtem Papier gedruckt. Die zum Schutz vor Verschmutzung verwendete Einschweißfolie ist aus Polyethylen chlor- und schwefelfrei hergestellt. Diese umweltfreundliche Folie verhält sich grundwasserneutral, ist voll recyclingfähig und verbrennt in Müllverbrennungsanlagen völlig ungiftig.

ISBN 978-3-7020-1190-1

Layout und Repro: Werbeagentur Rypka GmbH, 8143 Dobl/Graz
Druck: Gorenjski tisk, Kranj - Slowenien

Apfel und Birne

Einfach & gut!

Die besten Rezepte

Leopold Stocker Verlag
Graz – Stuttgart

Inhalt

Kuchen und Torten

Getränke und Gelees

Alphabetisches Rezeptregister

Apfel und Birne - die Klassiker unter den Obstsorten

Jeder kennt sie, jeder liebt sie - Apfel und Birne haben in der Küche immer Saison! Dabei sind sie nicht nur schmackhaft, sondern aufgrund der in ihnen enthaltenen Vitamine, Spurenelemente und Mineralstoffe auch besonders gesund und nahrhaft.

Apfel

Der Apfel dient von je her als Symbol der Liebe und Fruchtbarkeit, Jugend und Schönheit: Bereits im 15. Jahrhundert überreichten die Verehrer ihren Herzensdamen einen Apfel zur Verlobung.

Von den knapp 1500 bekannten Apfelsorten sind allerdings lediglich 60, wie z. B. Golden Delicious oder Granny Smith, wirtschaftlich bedeutend.

Die ersten Äpfel sind bereits im Juli reif, während andere Sorten oft erst im November geerntet werden können. Äpfel reifen nach der Ernte noch nach und lassen sich je nach Sorte oft monatelang lagern. Im Handel sind sie mittlerweile nahezu das ganze Jahr erhältlich.

Der Apfel, der zum Kernobst gehört, bietet uns vor allem täglich eine Portion Gesundheit, da er viel Wasser, sekundäre Pflanzeninhaltsstoffe, Pektin, Fruchtsäuren, B- und C-Vitamine, mehr als 30 Mineralstoffe und Spurenelemente und nur wenig Fett enthält. Nicht umsonst lautet ein bekanntes Sprichwort: „An apple a day keeps the doctor away!" (Ein Apfel am Tag erspart den Arztbesuch.)

Birne

Die Birne gehört ebenfalls zu den Kernobstgewächsen. Sie gehört zu den ältesten Obstsorten und wächst auf Laubbäumen oder Sträuchern. Von den ca. 5000 bekannten Birnensorten sind nur einige Sorten, wie z. B. die Williams-Christ-Birne, besonders verbreitet.

Birnen kann man bereits im Sommer (sortenabhängig) ernten, die meisten sind aber erst im Herbst oder im Winter reif, wobei Birnen bis April im Handel erhältlich sind. Es ist empfehlenswert, die Birnen ein wenig vor ihrer Reife zu ernten und sie dann noch nachreifen zu lassen. Durch ihren hohen Saftgehalt sollte man sie schnell verbrauchen. Außerdem sind sie nur schlecht lagerfähig, weil sie schnell verfaulen.

Die Birne ist ein sehr säurearmes Obst und eignet sich daher auch für säureempfindliche Menschen. Wie der Apfel enthält auch die Birne viele Vitamine, Mineralstoffe und Spurenelemente.

Beide Obstsorten werden in erster Linie für Kuchen, Desserts, Kompotte oder auch Säfte verwendet. Wie Sie aus Äpfeln und Birnen noch wesentlich mehr Gerichte als Apfelstrudel und Birnenkuchen in der eigenen Küche zaubern können, erfahren Sie hier in unserem neuesten Band aus der Reihe „Einfach & gut".

67 ausgewählte Rezepte zeigen, dass Sie nicht nur süße Köstlichkeiten aus diesen Obstsorten zubereiten können, sondern dass auch pikante Gerichte äußerst einfach und geschickt umzusetzen sind und unglaublich gut schmecken.

Wir wünschen Ihnen
Gutes Gelingen und Guten Appetit!

Apfel-Wein-Suppe

Zutaten (4 Portionen)
1/2 l Apfelsaft
1/4 l Weißwein
1 TL Speisestärke
2 Anissterne
4 EL Kristallzucker
1 Zimtstange
2 EL Zitronensaft
2 EL Amaretto-Likör
3 kleine säuerliche Äpfel
(z. B. Boskoop)

Mandelkekse und Minzeblättchen zum Garnieren

Vorbereitung

- 3 EL Apfelsaft und die Speisestärke glatt verrühren. Den restlichen Apfelsaft, den Weißwein, die Anissterne, 2 EL Zucker, die Zimtstange und 2 EL Zitronensaft aufkochen.
- Danach den Amaretto zugeben, die angerührte Speisestärke zugießen und unter Rühren nochmals aufkochen.

Zubereitung

- Die Äpfel waschen, nach Belieben schälen, die Kerngehäuse mit einem Apfelausstecher entfernen und in hauchdünne Scheiben schneiden (oder: die Äpfel vierteln, entkernen und in Spalten schneiden). Danach zur Suppe geben und bei schwacher Hitze ca. 5 Minuten garen.
- Anschließend die Suppe mit dem restlichen Zucker und etwas Zitronensaft verfeinern. Nach Belieben heiß oder kalt servieren und mit kleinen Mandelkeksen und Minzeblättchen garnieren.

■ Tipp
Zum Verfeinern kann ein wenig gekühltes Qimiq eingerührt werden. So wird die Suppe besonders sahnig und cremig.

Zubereitungszeit 1/2 Stunde

Geeiste Apfelsuppe mit Kräutern

Vorbereitung

- Die Äpfel waschen, schälen, vierteln, von Kerngehäusen befreien und kleinwürfelig schneiden. In eine Kasserolle geben und so viel Wasser eingießen, dass die Apfelstücke knapp bedeckt sind. Den Kristallzucker und ein wenig Zitronensaft beifügen und die Äpfel weich dünsten. Danach zugedeckt im kalten Wasserbad auskühlen lassen. Anschließend mit dem Mixstab oder mit dem Mixer fein pürieren.
- Die Kräuter waschen und fein hacken. Vier Suppenschalen vorkühlen.

Zubereitung

- Das Apfelpüree mit Weißwein und der entfetteten Hühnersuppe mit Hilfe einer Schneerute gut verrühren, falls erforderlich mit etwas Mineralwasser verdünnen. Danach gut kühlen und mit dem restlichen Zitronensaft und etwas Salz würzen. Zuletzt die gehackten Kräuter einrühren und die Suppe nach Belieben mit Honig süßen.
- Die Suppe in den vorbereiteten Schalen anrichten, mit Minzeblättchen garnieren und gut gekühlt servieren.

Zubereitungszeit 45 Minuten

Zutaten (4 Portionen)

5 mittlere, süß-säuerliche Äpfel
Saft von 1 Zitrone
30 g Kristallzucker
1/4 l Weißwein
1/4 l Hühnersuppe, entfettet
1 Prise Salz
1 Bund Petersilie
1 Bund Schnittlauch
etwas frische Minze

etwas Mineralwasser zum Verdünnen
etwas Honig zum Süßen
Minzeblättchen zum Garnieren

Karotten*-Apfel-Risotto
mit Zwiebel und Meerrettich/Kren

Zutaten (4 Portionen)
250 g Risottoreis
3/4 l Gemüsefond
2 Möhren/Karotten
3 Äpfel
1 Frühlingszwiebel
1 EL Meerrettich/Kren, frisch gerissen
4 EL Limonenöl
Salz und Pfeffer aus der Mühle

Butter zum Anbraten
Möhren-/Karottenstreifen und Meerrettich/Kren zum Garnieren

*Karotten = Möhren

Vorbereitung
- In einem Kochtopf das Öl kurz erhitzen, den Reis zugeben und gut durchrühren. Unter ständigem Rühren nach und nach langsam mit Gemüsefond aufgießen.
- Die Möhren/Karotten schälen und in kleine Würfel schneiden. Die Äpfel ebenfalls schälen und die Kerngehäuse entfernen. 12 dünne Apfelscheiben für die Garnitur bereiten, die übrigen Äpfel in kleine Würfel schneiden. Die Frühlingszwiebel kleinwürfelig schneiden.

Zubereitung
- Die Frühlingszwiebel mit den Möhren/Karotten zum Reis geben und zwischendurch immer wieder umrühren, falls erforderlich, mit noch etwas Gemüsefond aufgießen. Zuletzt die Apfelwürfel und den frisch gerissenen Meerrettich/Kren zugeben.
- Die Apfelscheiben in einer Pfanne mit Butter auf beiden Seiten goldbraun braten.
- Den Risotto würzen und auf vorgewärmten Tellern mit den gebratenen Apfelscheiben anrichten. Zuletzt mit Möhren-/Karotten- und Meerrettich-/Krenstreifen garnieren.

Zubereitungszeit 45 Minuten

Birnentoasts
überbacken mit Camembe

Zutaten (4 Portionen)
4 Toastbrotscheiben
200 g Camembert
etwas Salz
Pfeffer, frisch gemahlen
etwas scharfes Paprikapulver
2 große, reife Birnen
(oder 4 mittlere Birnen)
1/4 l Weißwein
1/2 l Wasser
Zucker nach Bedarf
1 Stückchen Zimtrinde
1 Stückchen Ingwer

Preiselbeerkonfitüre/-marmelade zum Bestreichen

Vorbereitung
- Die Birnen schälen, halbieren und die Kerngehäuse entfernen. In einem Gemisch aus etwa 1/2 Liter Wasser, Weißwein, Zucker, Zimt und Ingwer zustellen und zugedeckt nicht zu weich kochen. Im Sud erkalten und danach in einem Sieb sehr gut abtropfen lassen.

- Den Backofen auf 180 °C vorheizen.

Zubereitung
- Die Toastbrotscheiben mit Preiselbeerkonfitüre/-marmelade bestreichen und mit den Birnenhälften belegen.
- Den Camembert in Scheiben schneiden und auf die Birnenhälften legen, mit Salz, Pfeffer und Paprikapulver bestreuen und im vorgeheizten Backofen so lange überbacken, bis der Käse zu schmelzen beginnt.

Zubereitungszeit 1/2 Stunde

Klare Apfelsuppe
mit Ingwer

Zutaten (4 Portionen)
4 Äpfel
1 Zitrone
1/2 l Apfelsaft
1/4 l Weißwein
1/8 l Mineralwasser mit Kohlensäure
1 EL Rosinen
1 Ingwerwurzel

Zitronenmelisseblätter zum Garnieren

Vorbereitung
- Die Zitrone halbieren und auspressen. Zitronensaft, Apfelsaft, Weißwein und Mineralwasser in einen Topf gießen und einmal aufkochen. Rosinen beigeben.
- Den Ingwer schälen und in kleine Würfel (ca. 3 EL) schneiden. Die Äpfel waschen, schälen und in ca. 1 cm große Würfel schneiden.

Zubereitung
- Den Fond noch einmal aufkochen, die Äpfel und den Ingwer dazugeben und sofort wieder von der Feuerstelle nehmen (die Apfelwürfel sollen noch Biss haben).
- Abschmecken, in vorgewärmte Teller eingießen und mit Zitronenmelisseblättern garnieren.

Zubereitungszeit 20 Minuten

1

2

3

4

5

6

7

8
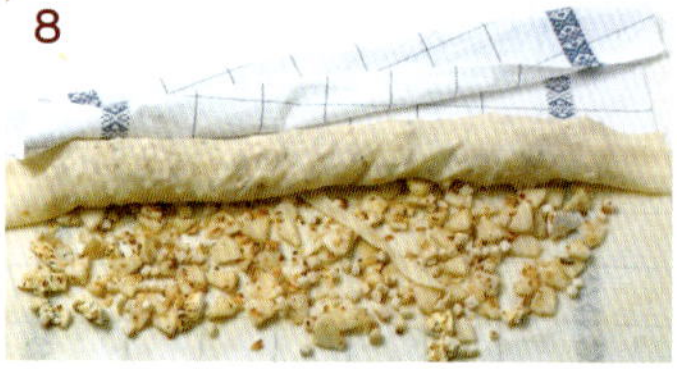

9

Birnenstrudel

mit Blauschimmelkäse und Rotweinschaum

Zutaten (6–8) Portionen

Teig
300 g Weizenmehl
25 g Öl
5 g Salz
150 ml Wasser
100 g flüssige Butter zum Bestreichen

Fülle
3/4 kg Williamsbirnen
125 g Blauschimmelkäse
60 g Mandelblättchen, geröstet
80 g Toastbrotwürfel, geröstet
4 cl Williamsbrand

Rotweinschaum
1/8 l Rotwein
50 g Zucker
4 Gewürznelken
1/2 Zimtstange
3 Eigelbe/Dotter
1/8 l Sahne/Obers

ÖL zum Bestreichen und für das Blech

Vorbereitung

- Für den Teig das Mehl auf eine Arbeitsfläche geben, eine Mulde bilden und Öl, Wasser und Salz zugeben (Bild 1). Mit einer Teigkarte rasch einen glatten Teig bereiten (Bild 2), aus dem Teig eine Kugel formen, diese mit Butter bestreichen und mit einer Folie bedecken (Bild 3). Den Teig 1 Stunde rasten lassen.
- Die Birnen schälen und die Kerngehäuse entfernen. Die Birnen in kleine Stücke schneiden. Den Blauschimmelkäse in Würfel schneiden und Mandeln, Birnenstücke und Toastbrotwürfel mit den Käsewürfeln vermischen. Den Williamsbrand beifügen und ziehen lassen.
- Für den Rotweinschaum den Rotwein in einer Kasserolle aufkochen. Mit Zucker, Zimt und Nelken 10 Minuten köcheln lassen, danach kalt stellen. Den Backofen auf 180 °C vorheizen. Ein Backblech mit Öl bestreichen.

Zubereitung

- Den Teig auf einer bemehlten Arbeitsfläche mit einem Nudelwalker ausrollen (Bild 4), danach den Teig über beide Handrücken (Bild 5) oder auf der Arbeitsfläche ausziehen und anschließend auf ein vorbereitetes großes Tuch legen (Bild 6).
- Die Fülle darauf verteilen, die Teigränder abschneiden und einige Streifen auf der Fülle verteilen (Bild 7). Danach mit Hilfe des Tuches den belegten Teig zu einem Strudel einrollen (Bild 8).
- Den Strudel auf das geölte Backblech legen und mit flüssiger Butter bestreichen (Bild 9). Im Backofen 40 Minuten goldbraun backen.
- Kurz vor Backzeitende die Eigelbe/Dotter und die Sahne/das Obers in die Rotweinreduktion geben und über Dampf schaumig schlagen.
- Den Strudel aus dem Backofen nehmen, in gewünschte Stücke schneiden, auf vorgewärmten Tellern anrichten und mit dem Rotweinschaum servieren.

Zubereitungszeit 2 Stunden

1

2

Birnen-Käse-Tascherln

aus Blätterteig

Zutaten (8 Stück)
500 g Blätterteig (TK-Ware)
4 Birnen
200 g Edelschimmelkäse (Gorgonzola)
Ei zum Bestreichen

Vorbereitung

- Den Blätterteig nach Packungsanleitung auftauen lassen und auf einer Arbeitsfläche dünn ausrollen. Danach in 8 Quadrate schneiden.
- Die Birnen waschen, schälen, vierteln und die Kerngehäuse entfernen. Die Birnenviertel fächerartig aufschneiden. Den Käse in 8 Portionen teilen.
- Den Backofen auf 190 °C vorheizen. Das Ei versprudeln.

Zubereitung

- Den Käse in die Mitte der Blätterteigquadrate setzen und mit den Birnenvierteln bedecken. Die Ecken der Teigquadrate zur Mitte hin einschlagen (Bild 1), auf das Backblech setzen und mit dem Ei bestreichen (Bild 2).
- Danach im vorgeheizten Backofen 20 Minuten backen. Anschließend herausnehmen und noch warm servieren.

Zubereitungszeit 1 Stunde

Gefüllte Birnen

mit Hackfleisch/Faschiertem und Schinken

Vorbereitung

- Die Zwiebel schälen und fein schneiden. Den Schinken in kleine Würfel schneiden. Das Hackfleisch/Faschierte in einer Schüssel mit Schinken, Ei, Majoran, Salz und Pfeffer vermengen. Die Zwiebel in etwas Öl anschwitzen, auskühlen lassen und mit der Fleischmasse vermischen.
- Die Birnen waschen und 2 cm unter dem Stiel abschneiden. Das untere Ende gerade abschneiden, damit die Birnen gut stehen.
- Danach die Birnen mit einem Parisienneausstecher (Kugelausstecher) oder einem Löffel vorsichtig aushöhlen, die faschierte Masse einfüllen (Bild) und die Kappen daraufsetzen. Die Stiele mit Alufolie einpacken, damit sie nicht verbrennen. Den Backofen auf 160 °C vorheizen.

Zubereitung

- In einer Pfanne den Weißwein erhitzen, die gefüllten Birnen hineinstellen und 30 Minuten im Backofen garen (wie gefüllte Paprika).
- Danach herausnehmen, den Bratrückstand mit etwas Suppe angießen und falls erforderlich nochmals würzen.
- Die Birnen halbieren, auf vorbereiteten Tellern anrichten und mit dem Bratensaft servieren.

■ Tipp

Dazu passt Wildreis.

Zubereitungszeit 1 Stunde

Zutaten (4 Portionen)

1 kleine Zwiebel
4 Scheiben Schinken, gekocht
400 g Hackfleisch/Faschiertes, gemischt
1 Ei
Salz und Pfeffer
etwas Majoran
4 Birnen
1/8 l Weißwein

etwas Suppe zum Angießen
Öl zum Anschwitzen
Alufolie

1

2

Schweinefilet

in der Birne auf Polenta

Zutaten (2 Portionen)
2 große Birnen
2 halbe Schweinefilets
(jeweils den dünneren Teil)
1 Eiweiß/Eiklar
200 g Maismehl
1 EL Butter
1/8 l Rotwein
1/4 l Rindsuppe
1/2 Zwiebel
Salz und Pfeffer aus der Mühle

etwas Öl zum Braten
Alufolie

Vorbereitung

- Von den Schweinefilets ca. 100 g Fleisch in kleine Würfel schneiden und mit Eiklar, Salz und Pfeffer in einer Küchenmaschine zu einer Farce verarbeiten.
- Die Birnen waschen, mit einem Parisienneausstecher (Kugelausstecher) oder einem Löffel seitlich aushöhlen und die Kerngehäuse entfernen (Bild 1).
- Die Schweinefilets mit Salz und Pfeffer würzen. Den Backofen auf 180 °C vorheizen. Die Zwiebel schälen und fein schneiden.

Zubereitung

- Mit einem kleinen Löffel die Farce in die ausgehöhlten Birnen füllen, danach die Schweinefilets durchschieben und das Filetspitzenende und die Birnenstiele in Alufolie wickeln (Bild 2).
- In einer Bratpfanne etwas Öl erhitzen, die Birnen in die Bratpfanne stellen und im vorgeheizten Backofen 20 Minuten garen.
- In einer Kasserolle die Butter erhitzen, die Zwiebel zugeben und kurz durchschwenken. Das Maismehl einrühren, mit Rotwein ablöschen und mit Rindsuppe aufgießen. Danach leicht salzen, aufkochen lassen und zugedeckt bei geringer Hitze 10–12 Minuten ziehen lassen, dabei mit einem Schneebesen öfters durchrühren.
- Die Birnen aus dem Backofen nehmen und warm stellen. Den Bratensaft zur Polentamasse gießen, nochmals gut durchrühren und eventuell würzen. Die Alufolie von den Birnenstielen und dem Fleisch entfernen. Die Birnen halbieren. Die Rotweinpolenta auf vorgewärmten Tellern anrichten, die Birnen daraufsetzen und sofort servieren.

Zubereitungszeit 1 Stunde

1

2

Lammkoteletts
in Birnensauce

Zutaten (4 Portionen)
12 Lammkoteletts à 60 g
3 Schalotten
1 große Birne
2 EL Zitronensaft
1 Pfefferoni
etwas Salz
etwas Pfeffer, frisch gemahlen
1 EL Butterschmalz
1/4 l Lammfond (aus dem Glas)
1/8 l Birnensaft
1 EL Stärkemehl
1 TL Zucker
4 Salbeiblätter
2 EL Birnengeist

Vorbereitung
- Die Lammkoteletts trocken tupfen und den Fettrand mehrmals einschneiden, danach die Koteletts salzen und pfeffern.
- Die Schalotten schälen und in sehr kleine Würfel schneiden. Die Birne schälen, das Kerngehäuse herausschneiden, die Birne in kleine Würfel schneiden und sofort mit dem Zitronensaft mischen. Den Pfefferoni entkernen und in kleine Würfel schneiden (Bild 1).

Zubereitung
- Das Butterschmalz in einer Pfanne erhitzen und die Koteletts beidseitig etwa 3 Minuten braten, danach herausnehmen und zugedeckt warm stellen.
- Die abgetropften Birnenstücke mit den Schalottenwürferln und den Pfefferoniwürfeln im Bratfett unter ständigem Rühren andünsten (Bild 2), den Lammfond und den Birnensaft zugießen und alles 5 Minuten kochen lassen. Die Speisestärke anrühren und die Sauce damit binden, einmal aufkochen lassen und mit Salz, Pfeffer und Zucker würzen.
- Den Salbei abspülen und trocken tupfen, die Salbeiblätter in Streifen schneiden und in die Sauce geben. Zuletzt die Sauce mit Birnengeist verfeinern.
- Die Lammkoteletts in die Pfanne geben und mit der Sauce erhitzen.

■ Tipp
Als Beilage passt ein Kartoffelgratin.

Zubereitungszeit 45 Minuten

Lammrücken

mit Äpfeln und Essigpflaumen/-zwetschken

Zutaten (4 Portionen)
4 Lammrücken à 180 g
Salz und Pfeffer
Öl zum Braten
2 feste Äpfel
12 Pflaumen/Zwetschken
1/4 l Wasser
100 ml Rotweinessig
60 g Zucker
6 EL Lammfond
200 ml Essigwassersud
(von Gewürz-/Essiggurken)

Vorbereitung
- Die Pflaumen/Zwetschken waschen, halbieren und entkernen. Wasser und Rotweinessig mit dem Zucker zum Kochen bringen, den Essigwassersud zugeben und auf die Hälfte reduzieren (einkochen).
- Die Äpfel waschen, halbieren und die Kerngehäuse entfernen. Die Äpfel in dünne Spalten schneiden. Den Backofen auf 170 °C vorheizen.

Zubereitung
- Die Lammrücken zuputzen (parieren = Fleisch von Häuten, Sehnen und unerwünschtem Fett befreien), in nicht zu heißem Öl auf allen Seiten anbraten, mit Salz und Pfeffer würzen und ca. 5 Minuten im Backofen fertig garen.
- Danach herausnehmen, die Apfelspalten zugeben, beidseitig anbraten und weitere 5 Minuten in den Backofen geben.
- Die Pflaumen/Zwetschken in den Essigsud legen und leicht köcheln lassen. Die Lammrücken aus dem Backofen nehmen und warm stellen.
- Die Pflaumen/Zwetschken aus dem Essigsud nehmen und auf vorgewärmte Teller setzen. Die Lammrücken viermal einschneiden und die Apfelspalten in die Einschnitte stecken. Die Lammrücken mit einer Palette auf die Teller heben.
- Falls erforderlich, den Essigsaft würzen, und ihn danach zu den Lammrücken und den Pflaumen/Zwetschken servieren.

Zubereitungszeit 40 Minuten

Gebratene Gänseleber

auf Apfelscheiben

Zutaten (2 Portionen)
300 g Gänseleber
20 ml Calvados
(Spirituose aus der Normandie)
2 Äpfel
Butter für die Äpfel
2 EL Honig
2 MS frischer Ingwer, fein gerieben
etwas Meersalz

Mehl zum Bestauben
Öl zum Braten

Vorbereitung
- Die Gänseleber zu vier Scheiben aufschneiden. Die Scheiben mit Mehl bestauben und kalt stellen.
- Die Äpfel schälen, in Scheiben schneiden und von den Kerngehäusen befreien. Den Ingwer mit dem Honig verrühren und ziehen lassen.

Zubereitung
- In einer Bratpfanne die Butter erhitzen und die Apfelscheiben darin beidseitig anbraten.
- In einer anderen Pfanne etwas Öl erhitzen, die Gänseleberscheiben auf beiden Seiten braten und mit dem Calvados flambieren.
- Auf vorgewärmten Tellern abwechselnd eine Apfelscheibe und darauf eine Leberscheibe legen, mit dem Ingwer-Honig überziehen und zuletzt mit etwas Meersalz würzen.

Zubereitungszeit 15 Minuten

Rehkeule

mit Wurzelgemüse und Apfel-Pfannkuchen/-Palatschinken

Zutaten (6 Portionen)
1 Rehkeule/-schlögel, ca. 1 1/2 kg
Salz und Pfeffer
Öl zum Anbraten

Sauce
500 g Rehknochen und Parüren
(Reste vom Zuputzen/Parieren)
6 Schalotten
1 mittlere Zwiebel
2 Möhren/Karotten
1 Stange Staudensellerie
1 EL Tomatenmark
Salz und Pfeffer
1 EL Wildgewürz
1/4 l Rotwein
1/8 l Portwein
1 mehlige Kartoffel
Öl zum Anbraten

Apfel-Pfannkuchen/ -Palatschinken
100 g Mehl
1/8 l Milch
2 Eier
1 Prise Salz
2 Äpfel
1/4 Zimtrinde
2 Nelken
1 EL Zucker
1 Prise Zimt
Öl zum Ausbacken

Vorbereitung

- Für die Sauce die Knochen hacken und die Parüren klein schneiden. Schalotten, Zwiebel, Möhren/Karotten und Sellerie putzen, schälen und in kleine Stücke schneiden.
- Knochen und Parüren in einem Topf in etwas Öl heiß anbraten, die Hälfte vom Gemüse zugeben und kurz mitrösten. Das Tomatenmark einrühren, Salz, Pfeffer und Wildgewürz dazugeben, mit Rotwein und Portwein ablöschen und so viel Wasser aufgießen, dass die Knochen bedeckt sind. Die Kartoffel waschen, schälen, fein reiben und zugeben.
- Den Fond ungefähr 2 Stunden köcheln lassen, danach durch ein Sieb seihen. Das restliche Gemüse mit etwas Butter in einer Pfanne anrösten, mit etwas Fond ablöschen und knackig dünsten.

Zubereitung

- Die Rehkeule/-schlögel mit Salz und Pfeffer würzen und in einer Bratpfanne mit etwas Öl rundum anbraten, danach im vorgeheizten Backofen bei 180 °C ca. 1 Stunde gar braten. Zwischendurch mit dem Rehfond übergießen.
- Für die Apfel-Pfannkuchen/-Palatschinken die Äpfel schälen, vom Kerngehäuse befreien und in kleine Würfel schneiden. In einem Topf etwas Wasser erhitzen, die Apfelwürfel mit Zimtrinde, Nelken, Zucker und Zimtpulver würzen und weich dünsten. Anschließend beiseite stellen.
- Für den Pfannkuchen-/Palatschinkenteig Mehl und Milch in einer Schüssel glatt rühren, die Eier zugeben, mit Salz würzen und gut verrühren. In einer beschichteten Pfanne etwas Öl erhitzen und aus der Masse 12 kleine Pfannkuchen/Palatschinken backen.
- Die Rehkeule/-schlögel aus dem Backofen nehmen, aus der Pfanne heben und an einem warmen Ort rasten lassen. Die Sauce abseihen, mit dem Gemüsefond vermischen, aufkochen und abschmecken. Das gedünstete Gemüse dazugeben.
- Von den Apfelwürfeln die Zimtrinde und die Nelken entfernen, die Pfannkuchen/Palatschinken mit der Apfelmasse füllen und warm stellen.
- Die Rehkeule/-schlögel in dünne Scheiben aufschneiden und mit der Gemüsesauce und den Apfel-Pfannkuchen/-Palatschinken auf vorgewärmten Tellern anrichten.

Zubereitungszeit 1 1/2 Stunden

1

2

Gänsekeulen

mit Apfel-Honig-Sauce

Zutaten (3–4 Portionen)
2 Gänsekeulen mit Knochen
30 g Butterschmalz
2 rote Zwiebeln, geschält und in Spalten geschnitten
4 Knoblauchzehen, geschält und halbiert
2 Äpfel, geviertelt
1/8 l Apfelsaft
50 g Zucker
Mark von einer Vanilleschote
2 Äpfel, in Spalten geschnitten
2 EL Rosinen

Marinade
60 g Honig
1/2 l Apfelsaft
1/4 l Weißwein
6 Gewürznelken
1 Zimtstange
6 Wacholderbeeren
6 Pfefferkörner
2 Lorbeerblätter
etwas Salz
50 ml Balsamico-Essig

Vorbereitung

- Für die Marinade den Honig in einem Topf erhitzen, mit Apfelsaft und Weißwein angießen und etwas einkochen lassen. Nelken, Zimtstange, Wacholderbeeren, Pfefferkörner und Lorbeerblätter beigeben, alles einmal aufkochen lassen und mit Salz und Balsamico-Essig würzen. Anschließend den Sud abkühlen lassen.
- Die Gänsekeulen, mit Folie abgedeckt, über Nacht darin marinieren (Bild 1).

Zubereitung

- Den Backofen auf 180 °C vorheizen. Die Gänsekeulen aus der Marinade nehmen, gut abtropfen lassen und die Flüssigkeit durch ein Sieb passieren.
- 30 g Butterschmalz in einer Pfanne erhitzen und die Keulen darin auf allen Seiten knusprig anbraten, danach herausnehmen und beiseite stellen. Zwiebelstücke, Knoblauch und die geviertelten Äpfel in der gleichen Pfanne anbraten und mit etwas Sud ablöschen (Bild 2).
- Die angebratenen Keulen, die Äpfel, die Zwiebeln und den Knoblauch in die Bratpfanne geben und im vorgeheizten Backofen etwa 1 Stunde braten. Zwischendurch immer wieder mit dem Sud aufgießen. Anschließend die gegarten Keulen aus der Sauce nehmen und warm stellen. Die Sauce durch ein Sieb passieren.
- Den Apfelsaft mit Zucker und Vanillemark einkochen, bis eine sirupartige Flüssigkeit entsteht, die Apfelspalten beigeben und abkühlen lassen. Die Apfelspalten und die Rosinen zu der passierten Gänsesauce geben und nochmals erhitzen.
- Die Gänsekeulen tranchieren (in Scheiben schneiden) und mit der Apfelsauce anrichten.

■ Tipp

Als Beilage passen Walnussknödel.

Zubereitungszeit 1 Stunde 45 Minuten, am Vortag marinieren

1

2

Rehnüsschen

in Holundersauce mit Apfelstrudel und Kohlkugeln

Zutaten (4 Portionen)
700 g Rehrückenfilet, zugeputzt
etwas Salz und Pfeffer
1/8 l Portwein
2 EL Öl

Apfelstrudel
1 Pck. Strudelblätter (TK-Ware)
2 mittlere Äpfel
2 EL Walnüsse, gehackt
2 EL Speckstreifen
80 g Weißbrotwürfel
100 g dunkle Weinbeeren, halbiert
1 EL Butter
1 Ei zum Bestreichen, verquirlt

Kohlkugeln
8 Wirsingkohlblätter
1 Zwiebel
1 EL Butter
Salz
Muskatnuss
Majoran

Holundersauce
1/4 l Wildfond
1/16 l Portwein
3 EL Holunderkonfitüre/-marmelade oder Holunderröster (Art dickflüssiges Kompott)
30 g Butter, kalt
1 Spritzer Balsamico-Essig

Vorbereitung

- Aus dem Rehrückenfilet 8 Medaillons à ca. 80 g schneiden und in Portwein marinieren. Für den Apfelstrudel die Äpfel schälen und in kleine Würfel schneiden.
- Die Butter erhitzen und den Speck darin auslassen (erhitzen bis das Fett schmilzt). Die Äpfel, die Walnüsse und die Weißbrotwürfel mitrösten und zuletzt die Weinbeeren unterheben (Bild 1).
- Ein Strudelblatt mit Butter bestreichen und das andere Strudelblatt darauflegen. Die Strudelblätter teilen, jede Hälfte mit Apfelfülle belegen und 2 Strudel bereiten.
- Die Kohlblätter in Salzwasser blanchieren (kurz in kochendes Wasser tauchen), davon 4 schöne Blätter beiseite geben und den Rest grob hacken.

Zubereitung

- Den Backofen auf 200 °C vorheizen. Den Wildfond mit Portwein etwas reduzieren (einkochen lassen), die Holunderkonfitüre/-marmelade oder den Holunderröster mitkochen und dann alles passieren.
- Die Zwiebel schälen, fein schneiden, mit den gehackten Kohlblättern in Butter weich dünsten und mit Salz, Muskatnuss und Majoran würzen. Diese Fülle in die vorbereiteten Kohlblätter füllen, Kugeln formen (Bild 2) und in eine befettete Form geben.
- Den Apfelstrudel mit Ei bestreichen und im Backofen 20 Minuten backen. Anschließend die Kohlkugeln zum Erhitzen in den Backofen schieben.
- Die Rehnüsschen salzen, pfeffern und beidseitig in Öl braten, sie sollen innen noch rosa sein (insgesamt ca. 5 Minuten). Die Holundersauce mit kalter Butter verfeinern und mit Balsamico-Essig würzen.

Zubereitungszeit 1 1/2 Stunden

Apfelwein-/Apfelmostbraten

Zutaten (6 Portionen)
1,5 kg Schweinefleisch mit Schwarte von der Schulter
2 Zwiebeln
1 Knoblauchzehe
1 Möhre/Karotte
3 Äpfel
1 TL Kümmel, gemahlen
Salz und Pfeffer
2 EL Öl zum Anbraten
500 g Schweineknochen, klein gehackt
1/4 l Apfelwein/Apfelmost

Vorbereitung

- Die Zwiebel, den Knoblauch und die Möhre/Karotte schälen und grob schneiden. Die Äpfel waschen, den Stiel entfernen und danach vierteln.
- Das Fleisch mit Kümmel, Salz und Pfeffer einreiben und in einer Pfanne in heißem Öl rundum braun anbraten, danach herausnehmen.

Zubereitung

- Die Knochen und Apfelspalten im Bratfett anrösten und mit Apfelwein/Apfelmost ablöschen.
- Das Gemüse und das Fleisch zu den Knochen geben und im vorgeheizten Backofen bei 190 °C ca. 2 Stunden garen, dabei ab und zu mit dem Bratenfond begießen.
- Das Fleisch herausnehmen und den Fond durch ein Sieb in einen Topf gießen. Die Sauce etwas einkochen lassen, abschmecken und zum Braten servieren.

■ Tipp

Als Beilagen passen geschmortes Rot- oder Weißkraut/-kohl mit Kartoffeln.

Zubereitungszeit 2 1/2 Stunden

1

2
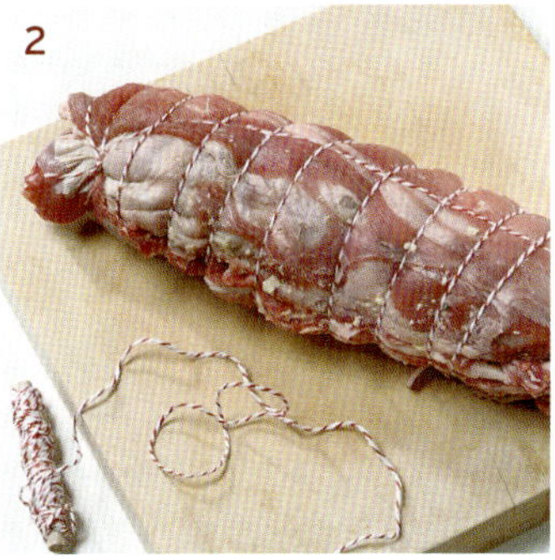

Lammbrust, gefüllt mit Äpfeln

Vorbereitung
- Den Backofen auf 200 °C vorheizen. Die vorbereitete Lammbrust waschen, mit Küchenpapier abtrocknen, zu einer Platte aufschneiden und innen und außen mit Salz und Pfeffer einreiben.
- Die Äpfel schälen, vierteln, entkernen und in kleine Scheiben schneiden. Den Schinken in Streifen schneiden.
- Die Äpfel, den Schinken, die Kartoffelflocken, den Rosmarin, den Thymian und den Zucker mischen und auf der Fleischplatte verteilen (Bild 1). Danach die Platte einrollen und mit Bindfaden/Spagat zusammenbinden (Bild 2).
- Das Butterschmalz in einer Bratpfanne erhitzen, die Lammbrust rundum kräftig anbraten und mit etwas Wasser angießen.

Zubereitung
- Die Lammbrust im vorgeheizten Backofen 80 Minuten braten, eventuell zwischendurch mit etwas Wasser und eigenem Saft übergießen. Nach Ende der Bratzeit die Lammbrust in Scheiben aufschneiden und warm stellen.
- Den Bratfond mit Apfelmost auf 3/8 l auffüllen. Die Speisestärke mit der Sauren Sahne/dem Sauerrahm und etwas Wasser verrühren, den Fond damit binden und nochmals würzen. Dazu passen Kartoffelknödel und Grüne Bohnen/Fisolen mit Speck.

Zubereitungszeit 2 Stunden

Zutaten (6 Portionen)
1 kg Lammbrust, ausgelöst
Salz und weißer Pfeffer
4 mittelgroße, süß-säuerliche Äpfel
150 g gekochter Schinken
50 g Kartoffelflocken
je 1 TL Rosmarin und Thymian, frisch oder getrocknet
1 Prise Zucker
2 EL Butterschmalz
1/4 l heißer Apfelmost
1-2 TL Speisestärke
1/8 l Saure Sahne/Sauerrahm

Bindfaden/Küchenspagat zum Binden

1

2

Mohnsoufflés

mit Weißweinbirnen

Zutaten (6 Portionen)
3 Eier
70 g Butter
50 g Puder-/Staubzucker
50 g Weißbrotwürfel
1/8 l Weißwein
1 Pck. Vanillezucker
1 Prise Salz
Schale von 1/2 Zitrone, gerieben
1 kleines Schnapsglas Rum
90 g Mohn, frisch gemahlen
4 reife, aber feste Birnen
1/2 l herber Weißwein
1/2 l Wasser
100 g Kristallzucker
1 Stückchen Zimtrinde
1 Stück Zitronenschale
einige Gewürznelken
1 Schnapsglas Birnengeist

Heidelbeersauce
1 Pck. Heidelbeeren
(250 g, TK-Ware)
100 g Puder-/Staubzucker
Saft von 1 Zitrone

Butter und Paniermehl/Brösel
für die Förmchen

Vorbereitung

- Die Birnen waschen und schälen. Den Weißwein mit dem Wasser vermengen, die Birnen, den Zucker, die Zimtrinde, die Zitronenschale und die Gewürznelken beifügen und auf kleiner Flamme nicht zu weich kochen. Sodann den Birnengeist zugießen und danach die Birnen im eigenen Sud erkalten lassen.
- Die Heidelbeeren bei Zimmertemperatur ca. 1 1/2 Stunden auftauen und die halbe Menge der Heidelbeeren mit Puder-/Staubzucker aufkochen lassen. Danach durch ein feines Sieb streichen und die restlichen Beeren dazugeben. Die Sauce mit Zitronensaft verfeinern und warm stellen.

Zubereitung

- Die Weißbrotwürfel mit Wein befeuchten. Die Butter mit Vanillezucker, Salz, Rum und Zitronenschale sehr schaumig rühren, nach und nach die Eigelbe/Dotter beigeben und wieder schaumig rühren. Die Eiweiße/Eiklar mit gesiebtem Puder-/Staubzucker zu steifem Schnee schlagen (Bild 1) und zusammen mit den Weißbrotwürfeln und dem Mohn unter den Butterabtrieb heben.
- 6 feuerfeste Förmchen mit Butter ausstreichen und mit Paniermehl/Bröseln ausstreuen. Anschließend mit der Mohnmasse füllen (Bild 2), in ein heißes Wasserbad stellen und auf ganz kleiner Flamme etwa 20 Minuten pochieren (in heißem, nicht kochendem Wasser ziehen lassen).
- Anschließend die Soufflés vorsichtig aus den Formen stürzen und die Birnen aus dem Sud nehmen und gut abtropfen lassen. Die Soufflés mit den Birnen und der Heidelbeersauce anrichten.

Zubereitungszeit 1 1/4 Stunden

1

2

Birnen-Reis-Pudding

Zutaten (12 Stück)
170 g Rundkornreis
1/2 l Milch
80 g Kristallzucker
1 Pck. Vanillezucker
6 Blatt Gelatine
1/2 l Sahne/Obers
3 EL Puder-/Staubzucker
1 großes Schnapsglas Maraschino (Fruchtlikör)
3/4 kg reife Birnen
1/2 l Weißwein
100 g Kristallzucker
ein Stückchen Zitronenschale
Saft von 1/2 Zitrone

Schokoladespäne und Sahne/Obers, geschlagen, zum Verzieren

Vorbereitung

- Die Birnen waschen, schälen, halbieren und die Kerngehäuse entfernen. Den Weißwein mit 100 g Kristallzucker, Zitronensaft und Zitronenschale erhitzen und die Birnenhälften in dieser Lösung etwa 15 Minuten lang dünsten. Im Sud erkalten lassen, danach herausnehmen, gut abtropfen lassen und in Spalten schneiden.
- Die Milch mit dem Kristall- und dem Vanillezucker versprudeln und den Reis darin sehr weich kochen. Danach in ein Sieb leeren, mit kaltem Wasser abspülen und gut abtropfen lassen.

Zubereitung

- Eine Ringform mit Folie auslegen. Die Gelatine in kaltem Wasser einweichen und gut ausdrücken. Die Sahne/das Obers mit Puder-/Staubzucker steif aufschlagen und den Reis gemeinsam mit dem Maraschino unterheben (Bild 1). Die Gelatine in etwas warmem Wasser auflösen und ebenfalls mit der Reis-Sahne-Masse vermischen.
- Die Form mit der Hälfte der Birnenspalten auslegen und die halbe Menge der Reis-Sahne-Masse einfüllen. Die restlichen Birnenspalten einlegen (Bild 2), die verbliebene Reismasse daraufgeben und an der Oberfläche glatt streichen.
- Die Form für mindestens 3 Stunden in den Kühlschrank stellen, danach den Pudding vorsichtig aus der Form stürzen und die Folie abziehen. Zuletzt ringsum mit Schokoladespänen bestreuen und – mit geschlagener Sahne/Obers garniert – servieren.

Zubereitungszeit 1 Stunde, Wartezeit 3 Stunden

Birne
mit Schneehaube

Zutaten (4 Portionen)
2 Birnen (nicht zu reif)
etwas Wasser zum Dünsten
2 EL Zucker
Saft von 1/2 Zitrone
1 Zimtrinde
2 Nelken
2 Eiweiße/Eiklar

Vorbereitung

- Die Birnen waschen, halbieren und mit einem Parisienneausstecher (Kugelausstecher) oder einem Löffel die Kerngehäuse entfernen.
- In einer Kasserolle etwas Wasser mit Zimtrinde, Nelken, 1 EL Zucker und etwas Zitronensaft zum Kochen bringen und die Birnen darin zugedeckt 10 Minuten ziehen lassen. Danach die Birnen im Sud auskühlen lassen.
- Den Backofen auf 180 °C vorheizen.

Zubereitung

- Die Eiweiße/Eiklar mit dem restlichen Zucker und dem Zitronensaft steif schlagen. Den Eischnee in einen Dressiersack mit Sterntülle füllen.
- Die Birnen aus dem Sud heben (der Sud kann anderweitig verwendet werden), gut abtropfen lassen und auf ein Backblech setzen. Mit dem Eischnee eine Haube auf die Birnenhälften dressieren und im Backofen kurz überbacken, bis die Schneehaube leicht gebräunt ist.

Tipp

Die Kochzeit der Birnen hängt von der Härte und der Größe der Früchte ab.

Zubereitungszeit 30 Minuten

Birnensorbet

mit Zitronenmelisse

Zutaten (6–8 Portionen)
5 vollreife Birnen
(Williams oder Gute Luise)
100 ml Weißwein
150 g Zucker
1 Vanilleschote
Saft von 1 Grapefruit
1 Bund Zitronenmelisse

Zitronenmelisse zum Garnieren

Vorbereitung

- Mit einem scharfen Messer das Mark aus der Vanilleschote herausschaben.
- Die Birnen waschen, vierteln und die Kerngehäuse entfernen. Die Früchte schälen und mit Zucker, Weißwein und Vanillemark aufmixen. Anschließend den Grapefruitsaft zugeben und gut vermischen.

Zubereitung

- Die Zitronenmelisse waschen, klein schneiden und unter die Birnenmasse mischen.
- Danach die Birnenmasse 4–6 Stunden in das Gefrierfach stellen, zwischendurch immer wieder umrühren.
- Geeignete Sorbetgläser im Gefrierfach kühlen. Das Sorbet in einen Spritzsack mit großer Sterntülle füllen und in die Gläser dressieren.
- Vor dem Servieren das Sorbet mit der Zitronenmelisse garnieren.

Zubereitungszeit 30 Minuten, Wartezeit 4–6 Stunden

Birnen-Bananencreme

Zutaten (4 Portionen)
4 reife, feste Birnen
Saft von 1/2 Zitrone
80 g Kristallzucker
1/4 l Wasser
1/2 l Weißwein
3 reife Bananen
Saft von 1/2 Zitrone
100 g Puder-/Staubzucker
1 großes Schnapsglas Rum
2 Blatt Gelatine
3/8 l Sahne/Obers

Mandelstifte, geröstet, zum Bestreuen
Minzeblättchen zum Garnieren

Vorbereitung

- Die Birnen waschen, schälen, die Kerngehäuse herausschneiden und die Birnenhälften mit Zitronensaft beträufeln.
- Den Wein mit 1/4 l Wasser und dem Kristallzucker aufkochen, die Birnen einlegen und bei Siedehitze etwa 20 Minuten lang gar ziehen lassen. Im Sud erkalten und danach gut abtropfen lassen.
- Zwei Drittel der Birnenhälften klein schneiden, die übrigen Hälften fächerartig aufschneiden und beiseite legen. Vier Dessertgläser vorkühlen.

Zubereitung

- Die Bananen schälen und mit Zitronensaft, gesiebtem Puder-/Staubzucker und Rum mit dem Mixer pürieren.
- Die Gelatine in kaltem Wasser einweichen und langsam erwärmen, bis die Gelatine sich aufgelöst hat. In einem Wasserbad kurz abkühlen lassen, dann mit 2 EL Sahne/Obers vermischen und anschließend ca. 1/4 l Sahne/Obers dazugeben. Die pürierten Bananen untermischen und zum Schluss 1/8 l steif geschlagene Sahne/Obers unterheben.
- Die Birnenstückchen in die vorgekühlten Gläser verteilen und die Bananencreme darübergießen. Abschließend jeweils mit den gefächerten Birnen belegen, mit den gerösteten Mandelstiften bestreuen und mit Minzeblättchen garnieren.

■ Tipp

Statt 1/4 l Sahne/Obers und Gelatine kann man auch Qimiq verwenden. Die so zubereitete Creme enthält weniger Fett und somit weniger Kalorien.

Zubereitungszeit 45 Minuten

Birnendalken mit Fruchtsaucen

Vorbereitung

- Die Eier trennen. 4 Eigelbe/Dotter mit etwas Salz und Vanillezucker verrühren und so viel gesiebtes Mehl beigeben, dass ein ziemlich fester Teig entsteht. Mit Weißwein nach Bedarf zu einem dünnflüssigen Pfannkuchen-/Palatschinkenteig verrühren und 20 Minuten rasten lassen.
- Die Früchte waschen, die Aprikosen/Marillen entkernen und beide Fruchtsorten getrennt im Mixer mit dem Zucker pürieren. Danach kurz erhitzen und beiseite stellen.
- Die Birnen schälen, vierteln, die Kerngehäuse entfernen und die Birnenvierteln in kleine Stücke schneiden. Die Eiweiße/Eiklar mit Salz zu steifem Schnee schlagen und zusammen mit den Birnen unter den Pfannkuchen-/Palatschinkenteig heben.

Zubereitung

- In einer Dalkenpfanne Butterschmalz erhitzen und mit einem Esslöffel portionsweise Teig in die Vertiefungen der Pfanne geben. Die Dalken auf beiden Seiten 4–6 Minuten goldgelb backen, danach aus der Pfanne nehmen und auf Küchenpapier abtropfen lassen. Sodann im Backofen warm halten. Diesen Vorgang so oft wiederholen, bis der Teig zur Gänze aufgebraucht ist.
- Die Dalken mit Puder-/Staubzucker bestreuen und mit den Fruchtsaucen servieren. Zuletzt mit Melisseblättchen garnieren.

Zubereitungszeit 45 Minuten

Zutaten (4 Portionen)

2 Eier
2 Eigelbe/Dotter
Mehl, glatt, nach Bedarf
etwas leichter Weißwein
1 Prise Salz
etwas Vanillezucker
4 mittlere Birnen

Fruchtsaucen
jeweils 100 g beliebige Früchte (Aprikosen/Marillen, Himbeeren)
je 100 g Puder-/Staubzucker

Butterschmalz zum Ausbacken
Puder-/Staubzucker zum Bestreuen
Melisseblättchen zum Garnieren

1 Dalkenpfanne
(Pfanne mit halbrunden oder flachen Vertiefungen)

Birnen im Rotweinbirnenmus

Zutaten (4 Portionen)
4 Birnen, geschält
1 EL Zitronensaft
etwas Zitronenschale
6 EL Birnenbrand
8 EL Honig
16 Pflaumen/Zwetschken, eingekocht
1/16 l Pflaumen-/Zwetschkenschnaps

Rotweinbirnenmus
4 Birnen
1/2 l Rotwein
1/4 l Wasser
1 Zimtstange
10 Gewürznelken
2 Lorbeerblätter
2 Wacholderbeeren, zerdrückt
5 schwarze Pfefferkörner
30 g Bitterschokolade

etwas Sahne/Obers zum Verzieren

Vorbereitung

- Die geschälten Birnen in kaltes Wasser einlegen, Zitronensaft, Zitronenschale, Birnenbrand und Honig zugeben und ca. 20 Minuten leicht kochen lassen. Den Topf mit einem Deckel (kleiner als die Topföffnung) zudecken, damit die Birnen völlig mit Wasser bedeckt kochen, danach die Birnen im Sud erkalten lassen.
- Die eingekochten Pflaumen/Zwetschken 1 Stunde im Pflaumen-/Zwetschkenschnaps marinieren lassen.
- Für das Rotweinbirnenmus die Birnen schälen, in Rotwein, Wasser und mit den Gewürzen zum Kochen bringen, ebenfalls 20 Minuten leicht köcheln und danach erkalten lassen.

Zubereitung

- Den Fond von den Rotweinbirnen abseihen und beiseite stellen. Die Birnen entstielen, entkernen und in kleine Würfel schneiden, danach im Mixer mit etwas vom Fond fein pürieren. Zuletzt die Bitterschokolade erwärmen und zugeben.
- Das Rotweinbirnenmus auf vier Teller verteilen, jeweils in die Mitte eine Birne platzieren und 4 Pflaumen/Zwetschken in das Mus setzen. Vor dem Servieren das Dessert mit ein wenig leicht aufgeschlagener Sahne/Obers verzieren.

Zubereitungszeit 1 Stunde

Gebackene Birnen

Vorbereitung
- Die Birnen waschen, schälen, vierteln und von den Kerngehäusen befreien. Mit Zitronensaft, Puder-/Staubzucker und Birnenlikör 1 Stunde im Kühlschrank ziehen lassen.
- Die Waldbeeren waschen, verlesen, mit Puder-/Staubzucker kurz erhitzen und mit dem Stabmixer pürieren.

Zubereitung
- Das Öl in einer Pfanne erhitzen. Die Eier mit Salz, Vanillezucker, Mehl und dem Wein glatt versprudeln.
- Die Birnenviertel gut abtropfen lassen, durch den Backteig ziehen und in den Mandelblättchen wälzen. Danach im heißen Öl rasch auf beiden Seiten goldbraun backen, danach auf Küchenpapier abtropfen lassen und mit der Fruchtsauce servieren. Zuletzt mit Puder-/Staubzucker bestreuen.

Zubereitungszeit 1/2 Stunde

Zutaten (4 Portionen)
4 reife, feste Birnen
Saft von 1/2 Zitrone
50 g Puder-/Staubzucker
1 kleines Schnapsglas Birnenlikör
3 Eier
150 g Mehl, glatt
1/4 l Weißwein
1 Prise Salz
1/2 Pck. Vanillezucker
150 g Mandelblättchen

Fruchtsauce
300 g frische Waldbeeren
100 g Puder-/Staubzucker

Puder-/Staubzucker zum Bestreuen
Öl zum Backen

Gefüllte Birnen mit Mandeln

Zutaten (4 Portionen)
4 große Birnen
50 g Mandeln, gemahlen
2 EL Braunzucker
15 g Butter, Zimmertemperatur
1 Eigelb/Eidotter
1-2 Tropfen Mandelessenz

Alufolie zum Braten

Vorbereitung

- Die Mandeln in einer Schüssel mit dem Braunzucker, der Butter und dem Eigelb/Eidotter zu einer Paste verarbeiten.
- Die Mandelessenz hinzufügen, nochmals mischen und 10 Minuten ziehen lassen.
- Die Birnen waschen, schälen und die Kerngehäuse mit einem Parisienneausstecher (Kugelausstecher) entfernen.

Zubereitung

- Die vorbereiteten Birnen mit dieser Paste füllen. Jede einzelne Birne so in Alufolie einschlagen, dass kein Saft austreten kann.
- Dann die Birnen auf einem Rost im vorgeheizten Backofen bei 180 °C etwa 20 Minuten garen. Herausnehmen und in der Folie heiß servieren.

■ Tipp

Schokoladeeis passt gut dazu!

Zubereitungszeit 30 Minuten

Birnen auf Blätterteig

Vorbereitung

- Die Birnen waschen, schälen, halbieren und entkernen. Sodann in einem Gemisch aus Wein, Wasser, Kristallzucker, Zitronensaft, Zitronenschale, Zimtrinde und Gewürznelken einige Minuten köcheln lassen. Wenn sich die Birnen leicht durchstechen lassen, von der Kochstelle nehmen und zum Abtropfen und Erkalten in ein Sieb legen.
- 2 EL Milch mit dem Puddingpulver verrühren, die restliche Milch mit Vanillezucker aufkochen lassen und das Pudding-Milch-Gemisch einrühren. Von der Kochstelle nehmen, in den noch heißen Pudding das Eigelb/den Dotter und 1 Schnapsglas Rum einrühren und die Creme sodann erkalten lassen.

Zubereitung

- Den Backofen auf 210 °C vorheizen. Den Blätterteig auftauen lassen und auf einer bemehlten Arbeitsfläche etwa 3 mm dünn ausrollen. Mit einem kleinen Messer birnenförmige Teigböden (um ca. 1 cm größer als die Birnenhälften) ausschneiden.
- Die Vanillecreme auf die Teigböden verteilen und die Birnenhälften darauflegen. Die Teigränder mit versprudeltem Eigelb/Dotter bestreichen und die Birnen mit Mandelstiftchen verzieren. Danach im vorgeheizten Backofen etwa 30 Minuten lang backen.
- Die Aprikosenkonfitüre/Marillenmarmelade mit Rum einmal aufkochen lassen und die noch heißen Birnen damit überziehen.

Zubereitungszeit 1 1/4 Stunden

Zutaten (6 Stück)
300 g Blätterteig (TK-Ware)

3 mittlere, reife Birnen
1/2 l Weißwein
1/2 l Wasser
100 g Kristallzucker
Saft und Schale von 1 Zitrone
1 Stückchen Zimtrinde
einige Gewürznelken

Vanillecreme
1/8 l Milch
1 EL Vanillepuddingpulver
etwas Vanillezucker
1 Eigelb/Dotter
2 große Schnapsgläser Rum

100 g Aprikosenkonfitüre/
Marillenmarmelade
40 g Mandelstiftchen

Eigelb/Dotter zum Bestreichen

Karamellisierte Birne

in Blutorangensauce

Zutaten (1 Portion)
1 Birne
Saft von 1/2 Zitrone
1 EL Butter
1 EL Braunzucker
1/16 l Weißwein
1/8 l Blutorangensaft
1 ML frischer Ingwer, fein gehackt

Gitter und Guss
2 EL Zucker
2 EL Wasser

1 Minzekrone

Vorbereitung

- Die Birne schälen und sofort in Wasser mit Zitronensaft kernig kochen, danach auskühlen lassen.
- 2 EL Zucker in einer Pfanne zergehen lassen – Vorsicht, nicht zu heiß werden lassen. Mit einem Löffel auf ein beschichtetes Papier oder auf einer geölten Arbeitsfläche dünne Fäden (wie ein Gitter) ziehen und fest werden lassen. Den restlichen flüssigen Zucker mit dem Wasser vermischen und die ausgekühlte Birne damit überziehen.

Zubereitung

- In einer Kasserolle den Braunzucker zergehen lassen, die Butter zugeben und mit Weißwein und Orangensaft ablöschen. Langsam köcheln lassen, bis sich der Zucker aufgelöst hat und zuletzt den Ingwer zugeben.
- Auf einen geeigneten Teller mit der Sauce einen Spiegel gießen, die Birne daraufsetzen und mit dem Karamellgitter und der Minzekrone verzieren.

Zubereitungszeit 30 Minuten

Gefüllte Honigbirnen

auf Biskuit mit gemischten Beeren

Vorbereitung

- Für das Biskuit zunächst die Schokolade erweichen, danach die Eier trennen, die Eigelbe/Dotter mit Zucker schaumig schlagen und die weiche Schokolade einrühren.
- Die Eiweiße/Eiklar zu steifem Schnee schlagen und abwechselnd mit dem Mehl unter die Eigelb-Zucker-Schokolade-Masse heben. Diese danach auf Backpapier streichen und im vorgeheizten Backofen bei 180 °C ca. 10 Minuten backen.
- Das Biskuit auskühlen lassen und 4 kleine Böden (Ø 8 cm) ausstechen, den Rest für andere Biskuitspeisen aufbewahren.

Zubereitung

- Für die Honigbirnen 6 EL Honig erhitzen, leicht abkühlen und darin die gemischten Beeren marinieren.
- Die Birnen waschen und schälen. Vom Blütenansatz her aushöhlen (gelingt am besten mit einem Kugelausstecher), mit den marinierten Beeren füllen und mit einem kleinem Stück vom restlichen Biskuit verschließen.
- Für den Backteig die Eier trennen, Eiweiße/Eiklar und Honig steif schlagen und mit den restlichen Zutaten glatt rühren. Die Birnen in Paniermehl/Semmelbröseln wälzen, durch den Backteig ziehen und in reichlich Pflanzenöl schwimmend bei 140 °C ausbacken. Abtropfen lassen.
- Die Biskuitböden auf Teller legen, die Birnen daraufstellen, mit Zimt-Puder-/Staubzucker bestreuen und mit den restlichen Beeren garnieren.

■ Tipp

Wenn nur die Hälfte der Beeren zum Füllen verwendet wird, können die übrigen als Garnitur mit der Birne angerichtet werden.

Zubereitungszeit 45 Minuten

Zutaten (4 Portionen)

Honigbirnen
4 reife, aber nicht zu weiche Birnen
6 EL Honig
400 g Beeren (Preiselbeeren, Brombeeren, Himbeeren ...), gemischt
Zimt

Biskuit
3 Eier
80 g Kristallzucker
40 g dunkle Schokolade
60 g Mehl, glatt

Backteig
2 Eier
1 EL Honig
0, 2 l Weißwein
160 g Mehl, glatt
1 TL Öl
1 Prise Salz

Paniermehl/Semmelbrösel
Pflanzenöl zum Ausbacken
Zimt und Puder-/Staubzucker zum Bestreuen

Apfel im Schlafrock

Zutaten (12 Stück)

Teig
250 g Mehl, glatt
200 g Butter
2 Eigelbe/Eidotter
2 EL Sahne/Obers
2 EL Weißwein

Fülle
6 kleine Äpfel
2 EL Kristallzucker
1/2 TL Zimtpulver
2 EL Rosinen

Gewürznelken
Frischhaltefolie

Vorbereitung

- Für den Teig alle Zutaten rasch glatt verkneten, zu einer Kugel formen und in Frischhaltefolie im Kühlschrank 2 Stunden rasten lassen.
- Die Äpfel waschen, schälen, vierteln und entkernen. Die Apfelviertel in dünne Spalten schneiden und mit Zucker, Zimt und Rosinen vermischen.

Zubereitung

- Auf einer bemehlten Arbeitsfläche den Teig dünn ausrollen und in ca. 7 x 7 cm große Quadrate schneiden. Auf jedes Quadrat etwas Fülle mittig verteilen und den Teig darüber zusammenfalten. Die überlappenden Ecken mit Gewürznelken feststecken.
- Die Apfeltaschen auf ein mit Backpapier ausgelegtes Backblech setzen und im vorgeheizten Backofen bei 160 °C goldbraun backen.
- Leicht abkühlen lassen und nach Belieben mit Puder-/Staubzucker bestreut servieren.

Zubereitungszeit 40 Minuten, Wartezeit 2 Stunden

Geeister Milchreis mit Apfelpüree

Vorbereitung

- Für das Apfelpüree die Äpfel mit Apfelsaft, Gelierzucker und Apfelschnaps in einem Kochtopf fein aufmixen und so lange kochen, bis die Masse dickflüssig ist. Alles erkalten lassen.
- Die Gelatine im kalten Wasser einweichen. Die Schale von Orange und Zitrone abreiben.

Zubereitung

- Die Milch mit dem Kristallzucker, dem Vanillezucker, den Nelken und der Zimtstange sowie den Orangen- und Zitronenschalen aufkochen und 10 Minuten ziehen lassen. Den Reis langsam einrühren und 20 Minuten köcheln lassen. Die Nelken und die Zimtstange entfernen.
- Die Gelatineblätter ausdrücken, in Orangensaft bei schwacher Hitze schmelzen lassen und rasch in die Reismasse einrühren. Auskühlen lassen und vor dem Stocken die geschlagene Sahne/Obers unterheben.
- Zum Schluss die Reismasse abwechselnd mit dem Apfelpüree in gekühlte Gläser füllen und für ca. 4 Stunden in den Kühlschrank stellen. Vor dem Servieren mit Apfelspalten garnieren.

Zubereitungszeit 1 Stunde, Wartezeit 4 Stunden

Zutaten (6–8 Portionen)

120 g Rundkornreis
3 Blatt Gelatine
je 1 Orange und Zitrone, unbehandelt
1/4 l Milch
20 g Kristallzucker
1 Pck. Vanillezucker
3 Gewürznelken
1/2 Zimtstange
Saft von 1/2 Orange
400 ml Sahne/Obers, geschlagen

Apfelpüree

400 g Äpfel, in Würfel geschnitten
1/16 l Apfelsaft
150 g Gelierzucker
4 cl Apfelschnaps

Apfelspalten zum Garnieren

Apfel-Tiramisu

Zutaten (8 Portionen)

Biskuit
2 Eier
70 g Feinkristallzucker
70 g Weizenmehl, glatt
Schale von 1/2 Zitrone, gerieben
1 großes Schnapsglas Calvados
(Spirituose aus der Normandie)

Creme
4 große Äpfel
1/8 l Apfelsaft
Saft von 1 Zitrone
1 Pck. Vanillezucker
100 g Puder-/Staubzucker
3 Eier
300 g Mascarpone

Garnitur
Apfelspalten, glaciert
Mandelblätter, geröstet
Minze oder Melisse

Vorbereitung

- Den Backofen auf 180 °C vorheizen. Für das Biskuit eine Springform (Durchmesser 24 cm) mit Backpapier auskleiden.
- Die Eier trennen, die Eigelbe/Dotter mit Zucker und Zitronenschale schaumig rühren, bis die Masse weißlich wird. Die Eiweiße/Eiklar steif schlagen und portionsweise mit dem Mehl vorsichtig unter die Dottermasse ziehen. Danach die Masse in die Form füllen und ca. 20 Minuten im Backofen backen. Anschließend aus der Form nehmen, auf ein Kuchengitter legen und auskühlen lassen.
- Die Äpfel schälen, die Kerngehäuse entfernen und die Äpfel in feine Blätter schneiden (Bild 1).

Zubereitung

- Für die Creme den Apfelsaft (2 EL beiseite geben) mit Zitronensaft und Vanillezucker aufkochen. Die Apfelscheiben darin weich kochen und anschließend pürieren.
- Die Eier trennen, die Eigelbe/Dotter mit 2 EL Apfelsaft und Zucker über Dunst schaumig schlagen, danach kalt schlagen. Den Mascarpone und das Apfelpüree zugeben, anschließend die Eiweiße/Eiklar steif schlagen und vorsichtig unter die Apfelmasse ziehen.
- Das Biskuit in 8 Stücke teilen und eine Schüssel oder eine Ulmer Form (= eine halbkugelige Backform) damit auslegen. Die Biskuitstücke mit Calvados beträufeln, danach die Creme einfüllen (Bild 2) und glatt verstreichen.
- Das Dessert mindestens 2 Stunden kühl stellen. Vor dem Servieren mit glacierten Apfelstücken, gerösteten Mandelblättern und Minze garnieren.

Zubereitungszeit 1 Stunde, Wartezeit 2 Stunden

Weinäpfel mit Zitronencreme

Zutaten (4 Portionen)
2 große Äpfel
3/8 l Wasser
1/4 l trockener Weißwein
ein Stückchen Zimtrinde
einige Gewürznelken
2 EL Kristallzucker
Saft von 1/2 Zitrone

Creme
2 Eigelbe/Dotter
2 EL Milch
Saft von 1 Zitrone
1 Pck. Vanillezucker
50 g Puder-/Staubzucker
4 EL Sahne/Obers

Zitronenzesten (von der Schale) und Schokoladespäne zum Garnieren

Vorbereitung

- Den Wein mit 3/8 l Wasser, der Zimtrinde, den Gewürznelken, dem Zucker und dem Zitronensaft aufkochen lassen.
- Die Äpfel schälen, halbieren und von den Kerngehäusen befreien. Anschließend die Apfelhälften in den Sud einlegen und 10–12 Minuten mehr ziehen als kochen lassen. Im Sud erkalten lassen, danach vorsichtig auf ein Gitter legen und gut abtropfen lassen.

Zubereitung

- Den Zitronensaft durchseihen und mit Eigelben/Dottern, Vanillezucker und gesiebtem Puder-/Staubzucker glatt verrühren. Die Milch einrühren und die Masse über einem heißen Wasserbad dickcremig aufschlagen. Unter oftmaligem Umrühren erkalten lassen. Zuletzt die Sahne/das Obers steif aufschlagen und vorsichtig unter die Creme ziehen.
- Die Äpfel auf einen vorgekühlten Teller legen und mit der Zitronencreme überziehen. Mit Zitronenzesten und mit Schokoladespänen bestreuen und gut gekühlt servieren. Nach Belieben mit Holunderröster garnieren.

Zubereitungszeit 45 Minuten

Apfelspalten

Zutaten (4 Portionen)
4 große, säuerliche Äpfel
Saft von 1/2 Zitrone
1 Prise Zimt
1 kleines Schnapsglas Rum
2 Eigelbe/Dotter
1 Ei
30 g Puder-/Staubzucker
100 g Mehl, glatt
herber Weißwein nach Bedarf

Fruchtsauce
1 Pck. Erdbeeren (250 g, TK-Ware)
120 g Puder-/Staubzucker
etwas Zitronensaft
1 kleines Schnapsglas Cointreau

Öl zum Backen
Puder-/Staubzucker und Zimt zum Bestreuen

Vorbereitung

- Die Erdbeeren bei Zimmertemperatur ca. 1 1/2 Stunden auftauen, danach mit Puder-/Staubzucker einmal aufkochen lassen und durch ein feines Sieb streichen. Mit Cointreau und Zitronensaft verfeinern und warm stellen.

Veinteig gebacken

- Die Eigelbe/Dotter mit dem Ei, dem Puder-/Staubzucker und so viel gesiebtem Mehl glatt verrühren, dass ein sehr dicker Teig entsteht. Mit Weißwein nach Bedarf so verdünnen, dass er die Konsistenz eines Pfannku chen-/Palatschinkenteiges bekommt.

Zubereitung

- Die Äpfel schälen, achteln und die Kerngehäuse entfernen. Den Rum mit dem Zitronensaft und dem Zimt vermengen und über die Apfelspalten gießen.
- Sodann die Apfelspalten durch den Teig ziehen und in reichlich heißem Fett (die Apfelspalten sollen schwimmen) goldgelb backen. Danach auf Küchenpapier gut abtropfen lassen, mit etwas Puder-/Staubzucker und Zimt bestreuen und mit der Erdbeersauce anrichten.

Zubereitungszeit 30 Minuten

Apfelauflauf mit Zimt-Zucker

Zutaten (4 Portionen)
3 Eier
120 g Puder-/Staubzucker
1/2 Pck. Vanillezucker
Schale, gerieben, und Saft von einer 1/2 Zitrone
1 Prise Zimt
100 g helle Biskuitkrümel/-brösel, fein gerieben
300 g säuerliche Äpfel

Backpapier für die Form
Zimt-Zucker-Gemisch zum Bestreuen

Vorbereitung

- Eine geeignete, feuerfeste Form mit Backpapier auslegen.
- Die ganzen Eier mit dem gesiebten Puder-/Staubzucker, dem Vanillezucker, dem Zimt und der Zitronenschale sehr schaumig rühren und anschließend die Biskuitkrümel/-brösel vorsichtig darunterziehen. Den Backofen auf 180 °C vorheizen.

Zubereitung

- Die Äpfel waschen, schälen, halbieren und von den Kerngehäusen befreien. Danach in dünne Spalten schneiden und mit Zitronensaft beträufeln.
- Den Boden und den Rand der Auflaufform mit den Apfelspalten auslegen und die Eiermasse einfüllen. Im vorgeheizten Backofen etwa 40 Minuten backen, danach den Auflauf aus der Form stürzen und das Backpapier behutsam abziehen.
- Vor dem Servieren mit Zimt-Zucker bestreuen.

Zubereitungszeit 1 Stunde

Apfelkristalle

mit Granatapfelkernen

Zutaten (4 Portionen)
2 grüne Äpfel (Granny Smith)
1 Granatapfel

Sorbet
360 g grüne Äpfel (Granny Smith)
160 g Puder-/Staubzucker
Saft von 1 Zitrone
1/16 l Wasser
1/16 l Milch

Vorbereitung

- Für das Sorbet die Äpfel waschen, entkernen und mit der Schale in kleine Würfel schneiden. Die Apfelwürfel mit Puder-/Staubzucker und Zitronensaft im erhitzten Wasser 3–4 Minuten dünsten, danach alles im Gefrierschrank frieren lassen.
- Den Granatapfel halbieren und die Hälften so zusammendrücken, dass Saft und Kerne aus der Schale kommen. Den Saft auffangen und beiseite stellen, die Kerne verlesen und bereithalten.

Zubereitung

- Die gefrorenen Apfelwürfel und den Granatapfelsaft mit der Milch in einer Küchenmaschine zu einem Sorbet mixen (die Milch langsam zugießen), danach in vier gleich große Glasschüsseln gießen und wieder in den Gefrierschrank stellen.
- Die Äpfel mit der Aufschnittmaschine in hauchdünne Scheiben schneiden und die Kerngehäuse ausstechen. Die Apfelscheiben auf vier gekühlte Teller legen, die Glasschüsseln mit dem Sorbet kurz in heißes Wasser tauchen und das Sorbet auf die Apfelscheiben stürzen.
- Die restlichen Apfelscheiben halbieren und auf dem Sorbet arrangieren. Zuletzt das Dessert mit den Granatapfelkernen bestreuen.

Zubereitungszeit 30 Minuten

Pfannkuchen/Palatschinken

mit Apfelsorbet und Apfelrösti

Vorbereitung

- Für das Sorbet die Äpfel waschen, schälen und entkernen. Die Äpfel klein schneiden und sofort in Zitronenwasser legen.
- In einer Kasserolle 1/4 l Wasser mit dem Zucker, der Zimtstange, den Gewürznelken und der Zitronenschale zum Kochen bringen, die Äpfel zugeben und einmal aufkochen lassen. Danach sofort in eine Schüssel geben und über Nacht tiefkühlen.
- Am nächsten Tag die Äpfel für die Rösti schälen, die Kerngehäuse entfernen und die Äpfel zuerst in dünne Scheiben und dann in feine Streifen schneiden. Die 2 großen Äpfel halbieren, aushöhlen und kalt stellen. Das Fruchtfleisch fein schneiden und auch für die Rösti verwenden.

Zubereitung

- Die gefrorenen Äpfel zerkleinern und in einer Küchenmaschine mit Milch und Apfelschnaps fein pürieren. Das Sorbet nochmals in das Gefrierfach stellen.
- Für die Rösti die Butter erhitzen, die Apfelstreifen goldbraun rösten und mit etwas Kristallzucker bestreuen. Sobald sie Farbe annehmen, wenden, damit sie beidseitig braun werden.
- Die Pfannkuchen/Palatschinken über Dampf kurz erwärmen, mit einem Löffel Rösti füllen und zusammenrollen.
- Die restlichen Rösti auf vorgewärmten Tellern anrichten, mit Hilfe eines Dressiersacks (oder Löffels) das Sorbet in die vorbereiteten Apfelhälften füllen und mit den Pfannkuchen/Palatschinken servieren.

Zubereitungszeit 40 Minuten, teilweise am Vortag bereiten

Zutaten (4 Portionen)
4 Pfannkuchen/Palatschinken

Sorbet
4 säuerliche Äpfel
Zitronenwasser
1/4 l Wasser
200 g Zucker
1/2 Zimtstange
5 Gewürznelken
Schale von 1/2 Zitrone
1/16 l Milch
2 cl Apfelschnaps

Apfelrösti
4 mittelgroße Äpfel
etwas Kristallzucker
40 g Butter

2 große Äpfel

Zimtäpfel auf Blätterteig

Zutaten (6 Portionen)
330 g Blätterteig (TK-Ware)
3 Äpfel
70 g Kristallzucker
1/2 l Weißwein
2 Stangen Zimt
einige Gewürznelken
Schale von 1/2 Zitrone
1/4 l fertiger Vanillepudding
1 kleines Schnapsglas Apfelbrand
1 kleines Schnapsglas Rum

Zimt zum Bestreuen
Ei zum Bestreichen
Aprikosenkonfitüre/Marillenmarmelade zum Überziehen
Backpapier für das Backblech
Dickerer Pappkarton

Vorbereitung

- Aus einem dickeren Pappkarton einen Apfel mit Stiel und Blatt ausschneiden. Den Blätterteig antauen lassen.
- Die Äpfel waschen, schälen, halbieren und von den Kerngehäusen befreien. Im Weißwein mit Zucker, Zimt, Nelken und Zitronenschale nicht zu weich dämpfen (im drucklosen Wasserdampf garen). Danach in ein Sieb legen und gut abtropfen lassen.
- Den Backofen auf 200 °C vorheizen.

Zubereitung

- Den Blätterteig auf einer bemehlten Arbeitsfläche etwa 3 mm dick ausrollen. Mit Hilfe der Schablone Apfelformen ausschneiden und auf ein mit Backpapier ausgelegtes Backblech setzen.
- Den Pudding mit dem Apfelbrand und dem Rum verrühren, auf die Teigäpfel verteilen und jeweils eine gedünstete Apfelhälfte darauflegen. Mit Zimt bestreuen und den Teig mit versprudeltem Ei bestreichen.
- Im vorgeheizten Backofen etwa 25 Minuten lang goldgelb backen. Noch ofenwarm und mit erhitzter Konfitüre/Marmelade bestrichen servieren.

Zubereitungszeit 1 Stunde

Apfel-Topfen*-Knödel

Vorbereitung

- Die Butter flaumig abtreiben. Die Eier einrühren und mit Quark/Topfen, Vanillezucker, Zitronenschale und Salz vermengen. Zuletzt die Brötchen-/Semmelwürfel einmengen. Den Teig 1/2 Stunde rasten lassen.
- Für die Fülle den Apfel schälen, in kleine Würfel schneiden und in Butter mit Honig leicht dünsten, so dass die Würfel noch kernig bleiben. In einem Sieb abtropfen lassen, sofern die Apfelwürfel zu saftig sein sollten.

Zubereitung

- Aus dem Teig Knödel von etwa 6 cm Durchmesser formen, in die die gedünsteten Äpfel als Fülle gegeben werden. Anschließend die Knödel in kochendes, leicht gesalzenes Wasser legen und 15 Minuten ziehen lassen.
- Für die Sauce alle Zutaten gut verrühren und nach Geschmack süßen. Die Knödel auf vorbereiteten Tellern anrichten und mit der Sauce umgießen.

Zubereitungszeit 1 Stunde

Zutaten (4 Portionen)

50 g Butter
1/4 kg Quark/Topfen, passiert
1 Prise Salz
2 Eier
1 Pck. Vanillezucker
Schale einer halben Zitrone
2 1/2 Brötchen/Semmeln, kleinwürfelig geschnitten

Fülle

1 größeren Apfel
Butter
Honig

Sauce

300 g Beeren, püriert (Erdbeeren, Heidelbeeren, Himbeeren, Brombeeren)
1 TL Zitronensaft
2 cl Rum
Zucker nach Geschmack

*Topfen = Quark

Gewürzparfait mit geschmortem Honigapfel

Zutaten (6 Portionen)

Parfait
2 Eier
70 g Puder-/Staubzucker
1 Pck. Vanillezucker
1 TL Lebkuchengewürz
350 ml Sahne/Obers
je 1 EL Schokolade und Orangeat/Aranzini, fein gehackt
1 Zitrone, unbehandelt
2 cl Eierlikör

Honigapfel
6 Äpfel
1/8 l Weißwein
200 ml Wasser
60 g Kristallzucker
1 TL Zitronensaft
200 g Honig

Auflaufförmchen oder Kaffeetassen
Klarsichtfolie

Vorbereitung

- 6 Auflaufförmchen oder Kaffeetassen mit Klarsichtfolie auslegen und in das Gefrierfach stellen.
- Die Eier mit Puder-/Staubzucker, Vanillezucker und Lebkuchengewürz über Dampf aufschlagen, bis die Masse schaumig ist. Dann vom Dampf wegnehmen und in Eiswasser kalt schlagen.
- Die Sahne/das Obers steif schlagen. Die Schokolade, das Orangeat/die Aranzini, die abgeriebene Zitronenschale und den Eierlikör unterheben und mit der Eiermasse langsam vermischen.
- Die Masse in die vorbereiteten Förmchen füllen und ca. 4 Stunden tiefkühlen.

Zubereitung

- Wein, Wasser, Zucker und Zitronensaft auf die Hälfte einkochen und dann den Honig einrühren.
- Die Äpfel waschen, schälen und das Kerngehäuse ausstechen. Anschließend in eine feuerfeste Form setzen, mit der Honigmasse überziehen und im vorgeheizten Backofen bei 140 °C ca. 35 Minuten schmoren. Dabei öfters übergießen.
- Die Förmchen aus dem Gefrierfach nehmen und mit der Klarsichtfolie die Parfaits aus den Formen ziehen. Die Folie entfernen und die Parfaits auf gekühlte Teller setzen. Zuletzt die Äpfel aus dem Backofen nehmen, zu den Parfaits setzen, mit Honig-Sirup übergießen und gleich servieren.

Zubereitungszeit 1 1/2 Stunden, Wartezeit 4 Stunden

Gewürzte Sirupäpfel mit Mascarponecreme

Vorbereitung
- Das Wasser mit 200 g Zucker zum Kochen bringen.
- Die Äpfel schälen, mit den Nelken spicken, in das kochende Zuckerwasser einlegen und ca. 1/2 Stunde langsam köcheln lassen. Danach den Kochtopf zum Auskühlen in Eiswasser stellen.

Zubereitung
- Für die Mascarponecreme den Mascarpone mit der Sahne/dem Obers und dem Zucker in einer Schüssel verrühren.
- Die ausgekühlten Äpfel aus dem Sud heben und die Nelken entfernen.
- Je einen Apfel auf vorgekühlte Teller setzen, mit der Mascarponecreme überziehen und mit Himbeersirup beträufeln.

Zubereitungszeit 45 Minuten

Zutaten (4 Portionen)

Sirupäpfel
4 kochfeste Äpfel
12 Nelken
200 g Zucker
3/4 l Wasser

Mascarponecreme
125 g Mascarpone
100 ml Sahne/Obers
3 EL Zucker

4 EL Himbeersirup zum Garnieren

Apfel-Eier-Schaum

Zutaten (4 Portionen)

Apfelmus
300 g Äpfel
Wasser nach Bedarf
Gewürznelken
1 Zimtstange
etwas Zucker

Schaum
2 Eier
140 g Zucker
Saft und Schale 1/2 Zitrone

Mandeln, Braunhirse, Pistazien, gehackt, zum Garnieren

Vorbereitung

- Die Äpfel schälen, achteln und die Kerngehäuse entfernen. In einen mit Wasser gefüllten Topf einlegen und Gewürznelken, etwas Zucker und eine Zimtstange dazugeben. Die Äpfel köcheln lassen, bis sie weich sind.
- Die Nelken und die Zimtstange entfernen und die Äpfel anschließend mit dem Stabmixer zu einem Mus pürieren.

Zubereitung

- Die Eier trennen. Aus den Eigelben/Dottern mit 100 g Zucker, der Zitronenschale und dem Zitronensaft über Wasserdampf einen Abtrieb schlagen. Danach das Mus unter den Abtrieb mischen.
- Die Eiweiße/Eiklar mit 40 g Zucker zu einem steifen Schnee schlagen und unter die Eigelb-Mus-Masse locker rühren.
- Den Schaum in Glasschüsseln füllen und mit Mandeln, Braunhirse oder Pistazien bestreuen. Mit Äpfeln garniert servieren.

Zubereitungszeit 30 Minuten

Rhabarbersalat, im Apfel serviert

Vorbereitung

- Pistazien, Nüsse und Mandeln grob hacken. Die Äpfel waschen und die Deckel abschneiden, danach aushöhlen und mit Zitronensaft beträufeln. Den Rhabarber putzen, waschen, schälen und in kleine Scheiben schneiden.
- Den Läuterzucker mit der Zimtstange, den Nelken und dem Zitronensaft aufkochen, den Rhabarber darin kurz blanchieren (in kochendes Wasser tauchen), abtropfen und abkühlen lassen.
- Das Lorbeerblatt zum Läuterzucker geben, anschließend die Äpfel darin pochieren (in heißem Wasser ziehen lassen), abtropfen und erkalten lassen. Die Orange schälen und filetieren. Die Himbeerkonfitüre/-marmelade glatt rühren.

Zubereitung

- Den Rhabarber und die Orangenfilets in eine Schüssel geben, Honig, Nüsse, Mandeln, Pistazien und die gehackte Minze zugeben und den Grand Marnier darübergießen. Mit dieser Mischung die Äpfel füllen und den Deckel schräg darauf setzen.
- Für den Weinschaum den Zucker, den Weißwein und die Eigelbe/Dotter über heißem Wasserdampf schaumig schlagen, danach kalt schlagen.
- Den Weinschaum auf flache Teller gießen und je einen gefüllten Apfel daraufsetzen. Zuletzt mit Himbeerkonfitüre/-marmelade verzieren und mit den Minzestreifen garnieren.

Zubereitungszeit 45 Minuten

Zutaten (2 Portionen)

1 Rhabarberstange
2 Äpfel
1 Orange
1/4 Zimtstange
2 Nelken
1 TL Honig
Saft von 1/2 Zitrone
1/2 l Läuterzucker (1/4 l Wasser und 1/4 l Zucker verkochen)
1 TL Pistazien
1 TL Nüsse
1 TL Mandeln
2 EL Grand Marnier (französischer Likör)
1 EL Himbeerkonfitüre/-marmelade
1 Lorbeerblatt
1/2 Sträußchen Minze, gehackt

Weinschaum

1/8 l Weißwein
2 Eigelbe/Dotter
1 1/2 EL Kristallzucker

1/2 Sträußchen Minze, in Streifen geschnitten, zum Garnieren

Apfelsäckchen mit Vanillesauce

Zutaten (2 große und 20 kleine Säckchen)

Apfelsäckchen
2 Strudelteigblätter à 60 x 40 cm (TK-Ware)
1 kg Äpfel
250 g Zucker
1 ML Zimt, gemahlen
150 g Rosinen
150 g Haselnüsse, gerieben
2 cl Rum

Vanillesauce
1/2 l Sahne/Obers
200 ml Milch
1 Vanilleschote
1 ML Vanillezucker
120 g Zucker
1 cl Kirschwasser
3 Eigelbe/Dotter

flüssige Butter zum Bestreichen
Öl für das Backblech
Puder-/Staubzucker zum Bestreuen

Vorbereitung

- Die Äpfel schälen, die Kerngehäuse entfernen und das Fruchtfleisch fein schaben. Zucker, Zimt, Rosinen, Haselnüsse und Rum zugeben, gut vermischen und ca. 1 Stunde ziehen lassen.
- Den Strudelteig nach Packungsanleitung auftauen lassen. Den Backofen auf 190 °C vorheizen. Ein Backblech leicht mit Öl bestreichen.

Zubereitung

- Die Strudelteigblätter auflegen und in gewünschte Teile schneiden. Die Apfelmasse noch einmal durchmischen und gleichmäßig auf die Strudelteigblätter verteilen (Bild 1). Die Teigränder mit etwas Wasser befeuchten, danach kleine und größere Säckchen formen und auf das Backblech setzen.
- Im vorgeheizten Backofen die kleineren Säckchen ca. 15 Minuten, die größeren ca. 1/2 Stunde backen. Danach die Säckchen mit flüssiger Butter bestreichen und mit Puder-/Staubzucker bestreuen.
- Für die Vanillesauce die Vanilleschote der Länge nach aufschneiden. Die Milch und die Sahne/das Obers in einer Kasserolle mit der Vanilleschote, dem Vanillezucker und dem Zucker langsam zum Kochen bringen und ca. 5 Minuten köcheln lassen.
- Das Kirschwasser mit den Eigelben/Dottern verrühren, in die kochende Sahne-Milch-Mischung einrühren und sofort von der Kochstelle nehmen (darf nicht mehr kochen). Anschließend die Vanilleschote entfernen und die Sauce zu den warmen Apfelsäckchen servieren.

Zubereitungszeit 1 Stunde

Warme Apfeltörtchen mit Himbeer-Creme-Eis

Vorbereitung

- Für das Himbeer-Creme-Eis die Milch aufkochen und das Joghurt schnell einrühren. Die Himbeeren pürieren, durch ein Sieb streichen und zugeben. Den Zitronensaft, den Honig und den Himbeerlikör einrühren, anschließend die Masse im Gefrierfach 8 Stunden einfrieren. Vor dem Festwerden noch einige Male durchrühren, damit das Eis luftig und cremig wird.
- Alle Zutaten für den Mürbeteig auf eine glatte Arbeitsfläche geben und schnell zu einem geschmeidigen Teig verarbeiten. Danach den Teig 2 Stunden im Kühlschrank, mit Klarsichtfolie bedeckt, rasten lassen.
- Den Backofen auf 180 °C vorheizen. Den Teig dünn ausrollen und die Törtchenformen damit auslegen. Mit einer Gabel einstechen und ca. 2–3 Minuten blindbacken (ohne Fülle backen). Danach herausnehmen und auskühlen lassen.

Zubereitung

- Das Ei, den Quark/Topfen und den Süßstoff schaumig rühren. Die Maisstärke, das Vanillemark und den Apfellikör sowie die Zitronenschale zugeben und glatt rühren. Die halbe Menge dieser Masse in die Förmchen gießen.
- Die Äpfel schälen, entkernen, in dünne Spalten schneiden und sofort in die Törtchen schichten. Die restliche Quark-/Topfenmasse darübergießen (Bild) und die Törtchen im Backofen bei 180 °C ca. 12–13 Minuten backen.
- Die Apfeltörtchen noch warm aus den Formen nehmen und mit Braunzucker bestreuen. Auf vorgewärmten Tellern anrichten und mit dem Himbeer-Creme-Eis servieren.

Zubereitungszeit 1 Stunde

Zutaten (3 Portionen)

Himbeer-Creme-Eis
300 ml Milch
200 g Joghurt
200 g Himbeeren (TK-Ware)
Saft von 1 Zitrone
2 EL Honig
2 cl Himbeerlikör

Mürbeteig
150 g Mehl
120 g Butter
70 g Puder-/Staubzucker
Mark von 1/2 Vanilleschote
1 Eigelb/Dotter
Schale von 1/2 Orange und 1/2 Zitrone

Fülle
2 reife Äpfel
2 cl Apfellikör
125 g Quark/Topfen
1 Ei
5 Tropfen Süßstoff
Schale von 1/2 Zitrone
Mark von 1/2 Vanilleschote
15 g Maisstärke

Braunzucker zum Bestreuen

1

2

Scheiterhaufen mit Äpfeln und Schneehaube

Zutaten (3 Portionen)
15 Scheiben Hefezopf/Striezel
2 Äpfel
1/8 l Sahne/Obers
1/8 l Milch
2 cl Rum
1 EL Rosinen
2 Eiweiße/Eiklar
1 Eigelb/Dotter
1 ML Vanillezucker
1 EL Zucker

Butter für die Terrinenform
Puder-/Staubzucker zum Bestreuen
Schlagsahne/-obers und Minzekrone zum Garnieren
1 Terrinenform

Vorbereitung

- Die Terrinenform mit Butter ausstreichen. Milch, Sahne/Obers und Eigelb/Dotter vermischen, aufschlagen und Zucker, Vanillezucker und Rum zugeben.
- Die Äpfel schälen, von den Kerngehäusen befreien und in 1/2 cm dicke Scheiben schneiden.
- Die Rosinen waschen und in lauwarmem Wasser einweichen. Den Backofen auf 170 °C vorheizen.

Zubereitung

- Die Hefezopf-/Striezelscheiben kurz in die Milchmischung tauchen, wenden und in die Terrinenform schichten. Eine Lage Apfelscheiben darauflegen (Bild 1). Diesen Vorgang so oft wiederholen, bis alle Zutaten aufgebraucht sind.
- Die Rosinen aus dem Wasser nehmen, gut ausdrücken und darüberstreuen. Die restliche Milchmischung über den Scheiterhaufen gießen (Bild 2) und diesen 40 Minuten backen.
- Die Eiweiße/Eiklar steif schlagen und über den Scheiterhaufen geben. Danach den Scheiterhaufen 5 Minuten bei 190 °C überbacken.
- Den Scheiterhaufen anzuckern, mit Schlagsahne/-obers garnieren und mit einer Minzekrone verzieren.

Zubereitungszeit 1 1/2 Stunden

Gebackene Apfelknödel

Vorbereitung

- Den Apfel schälen, das Kerngehäuse entfernen und den Apfel in kleine Würfel schneiden. Das Mehl in eine geeignete Schüssel sieben. Mit den Apfelwürfeln, Rosinen und dem Zitronat vermischen.
- In der leicht erwärmten Milch die Hefe/Germ auflösen und den Zitonensaft dazugeben.
- Alle Zutaten zu einem festen Teig verkneten, diesen an einem warmen Ort ca. 1 Stunde gehen lassen.

Zubereitung

- Das Öl auf 140 °C erhitzen, mit einem Suppenlöffel aus dem Teig Knödel stechen und ins heiße Öl einlegen. Die Knödel 3 Minuten schwimmend rundum goldbraun backen, herausnehmen und auf Küchenpapier abtropfen lassen.
- Danach auf vorgewärmten Tellern anrichten und, mit Braunzucker bestreut, sofort servieren.

Zubereitungszeit 30 Minuten, Wartezeit 1 Stunde

Zutaten (4 Portionen)

1 großer Kochapfel
250 g Mehl, glatt
80 g Rosinen
50 g Zitronat
5 EL Milch
15 g Hefe/Germ
Saft von 1/2 Zitrone

Öl zum Backen
Braunzucker zum Bestreuen

Birnenkuchen aus Großmutters Kochbuch

Zutaten (8–10 Stück)
150 g Butter
150 g Puder-/Staubzucker
1 Prise Salz
1/2 Pck. Vanillezucker
3 Eier
2 Eigelbe/Dotter
1 Schnapsglas Birnenschnaps
2 EL Kakaopulver
250 g Mehl, glatt
1 MS Backpulver
1/8 l Milch
6-8 große, feste Birnen

Backpapier für die Form
Puder-/Staubzucker zum Bestreuen

Vorbereitung

- Die Butter auf Handwärme bringen und mit Puder-/Staubzucker, Salz und Vanillezucker sehr schaumig rühren. Nach und nach die Eier und die Eigelbe/Dotter einrühren. Die Masse nochmals schaumig schlagen und danach den Birnenschnaps beigeben.
- Das Mehl mit dem Backpulver und dem Kakao versieben und löffelweise, zusammen mit der Milch, unter den Butterabtrieb rühren. Eine feuerfeste Form mit Backpapier auslegen. Den Backofen auf 180 °C vorheizen.

Zubereitung

- Die Birnen waschen, schälen, halbieren und die Kerngehäuse entfernen. Die Kakaomasse in die Form füllen und die Oberfläche glatt streichen. Die Birnen, mit der Schnittfläche nach oben, dicht nebeneinander auflegen. Den Kuchen im vorgeheizten Backofen etwa 50 Minuten lang backen.
- In der Form erkalten lassen, danach herauslösen und das Backpapier abziehen. Vor dem Servieren den Kuchen leicht mit Puder-/Staubzucker bestreuen und danach beliebig portionieren.

Zubereitungszeit 1 1/4 Stunden

1

2

Apfel-Birnen-Streusel mit Rosmarineis

Vorbereitung

- Für den Sirup Wasser, Zucker und Rosmarin aufkochen, 1/2 Stunde leicht köcheln lassen, danach von der Kochstelle nehmen und auskühlen lassen. Anschließend durch ein Sieb gießen und kalt stellen.
- Für den Streusel Mehl, Butter, Gelierzucker und Mandeln in eine Schüssel geben und mit den Händen gut verkneten, danach 1 Stunde im Kühlschrank rasten lassen.
- Die Äpfel und Birnen waschen, schälen, entkernen und in kleine Spalten schneiden. Den Backofen auf 170 °C vorheizen.

Zubereitung

- Für das Eis Milch und Rosmarinsirup mit dem Rosmarin aufkochen und danach von der Kochstelle nehmen. Die Eigelbe/Dotter und das Ei zugeben und abkühlen lassen, anschließend durch ein Sieb gießen und kalt stellen. Die Sahne/das Obers steif aufschlagen und unter die Masse heben, sodann im Gefrierfach frieren lassen.
- Ein Backblech mit Butter ausstreichen und mit dem Braunzucker bestreuen. Abwechselnd die Birnen- und Apfelspalten flach auflegen (Bild 1) und mit dem Streusel bedecken (Bild 2).
- Anschließend im Backofen 15–20 Minuten goldbraun backen. Danach herausnehmen, mit Zimtzucker bestreuen und auskühlen lassen.
- In beliebige Stücke schneiden und mit dem Rosmarineis und mit Schlagsahne/-obers servieren.

Zubereitungszeit 2 Stunden

Zutaten (1 Blech)
5 säuerliche Äpfel
5 feste Birnen

Streusel
150 g Mehl
5 EL Butter
5 EL Gelierzucker
50 g Mandeln, gerieben

Rosmarineis (1,5 l)
Sirup
600 g Zucker
1/2 l Wasser
100 g Rosmarin

Eis
1/4 l Milch
50 g Rosmarin, fein gehackt
3 Eigelbe/Dotter
1 Ei
1/4 l Sahne/Obers

Belag
5 EL Braunzucker
1 TL Zimtpulver

Butter und Braunzucker für das Blech
250 g Schlagsahne/-obers zum Servieren

Birnen-Basilikum-Strudel mit Holundersauce

Zutaten (4 Portionen)
4 Strudelteigblätter (20 x 20 cm)
1 EL Butter
2 EL Paniermehl/Semmelbrösel
1 EL Braunzucker

Fülle
4 reife Birnen
1 Limette, unbehandelt
1 EL Puder-/Staubzucker
2 cl weißer Rum
10 Basilikumblätter

Sauce
150 g Holunderbeeren
80 g Honig
1 Eigelb/Dotter

Vorbereitung

- Für die Sauce die Holunderbeeren mit Honig einmal aufkochen, von der Feuerstelle nehmen, das Eigelb/den Dotter einrühren und auskühlen lassen.
- Für die Fülle die Birnen waschen, schälen und die Stiele und die Kerngehäuse entfernen. Danach in Würfel (ca. 1 cm) schneiden.
- Die Limette waschen, die Schale reiben, den Saft auspressen und beides zu den Birnenwürfeln geben, mit Puder-/Staubzucker und Rum vorsichtig vermischen und ziehen lassen. Die Basilikumblätter grob schneiden und unter die Birnenmasse heben.

Zubereitung

- Die Butter leicht erwärmen, die Strudelteigblätter auf einer Arbeitsfläche auflegen und mit der zerlassenen Butter bestreichen. Das Paniermehl/die Semmelbrösel und den Braunzucker daraufstreuen, die Birnenfülle gleichmäßig darauf verteilen und zu 4 kleinen Strudeln rollen. Diese mit der restlichen Butter bestreichen und mit Backpapier auf ein Backblech setzen.
- Im vorgeheizten Backofen bei 180 °C ca. 15 Minuten backen.
- Die Birnenstrudel aus dem Ofen nehmen, jeweils einmal schräg durchschneiden und mit der Holundersauce auf vorgewärmten Tellern anrichten.

Zubereitungszeit 1 Stunde

Birnenstrudel mit Mandeln

Vorbereitung
- Aus dem gesiebten Mehl, dem Öl, dem Salz und dem lauwarmen, mit Essig gesäuerten Wasser einen glatten Strudelteig bereiten. Den Teig auf einen mit Öl bestrichenen Teller legen und die Oberfläche mit Öl bepinseln. Danach 1/2 Stunde rasten lassen.
- Die Crème fraîche mit Saurer Sahne/Sauerrahm, Eigelben/Dottern, Vanillezucker, Puddingpulver und gesiebtem Puder-/Staubzucker glatt verrühren.

Zubereitung
- Den Backofen auf 200 °C vorheizen. Die Birnen schälen, halbieren, von den Kerngehäusen befreien und in dünne Spalten schneiden.
- Den Teig auf einem bemehlten Tuch so dünn wie möglich ausrollen, mit beiden Handrücken hauchdünn ausziehen, die dickeren Teigränder abtrennen. Die Butter zerlassen und den Strudelteig damit beträufeln. Danach die Birnenspalten darauf verteilen und das Sahnegemisch darübergießen. Die gehackten Mandeln und die Zitronenschale darüberstreuen.
- Anschließend den Teig mit Hilfe des Tuches einrollen und die Enden einschlagen. Den Strudel mit dem Teigschluss nach unten auf ein mit Backpapier ausgelegtes Blech legen und mit versprudeltem Ei bestreichen. Im vorgeheizten Backofen etwa 30 Minuten lang zu schöner Farbe backen.

Zubereitungszeit 1 3/4 Stunden

Zutaten (12 Stück)

Teig
250 g Mehl, glatt
2 EL Öl
1 Prise Salz
etwas Wasser nach Bedarf
etwas Essig

Fülle
1 kg reife, feste Birnen
200 g Mandeln, gehackt
Schale von 1 Zitrone, feingehackt
1/8 l Crème fraîche
1/8 l Saure Sahne/Sauerrahm
2 Eigelbe/Dotter
1 Pck. Vanillezucker
1/2 Pck. Vanillepuddingpulver
80 g Puder-/Staubzucker
50 g Butter

Öl zum Bestreichen
Ei zum Bestreichen
Backpapier für das Backblech

Birnentaschen mit Heidelbeeren

Zutaten (6 Stück)
330 g Blätterteig (TK-Ware)
3 mittlere Birnen
Saft von 1/2 Zitrone
6 EL Heidelbeeren
1/4 l Milch
1/2 Pck. Vanillepuddingpulver
Zucker nach Geschmack
1 Schnapsglas Rum

1 Ei zum Bestreichen
Mandeln, geschält, zum Belegen
Backpapier für das Blech

Vorbereitung

- Den Blätterteig antauen lassen. Aus Milch, Zucker nach Geschmack und dem Puddingpulver einen Pudding bereiten und noch heiß den Rum einrühren. Danach erkalten lassen, währenddessen mehrmals umrühren, damit sich keine Haut bildet.
- Die Heidelbeeren verlesen und waschen.

Zubereitung

- Den Backofen auf 200 °C vorheizen. Die Birnen waschen, schälen, halbieren und von den Kerngehäusen befreien. In dickere Scheiben schneiden und mit Zitronensaft beträufeln.
- Den Teig auf einer bemehlten Arbeitsfläche dünn ausrollen und mit einem gezahnten Teigrad 12 Quadrate (Größe 12 x 12 cm) ausschneiden. Auf sechs Quadrate jeweils einen Löffel Pudding setzen und mit den Birnenscheiben und den Heidelbeeren belegen (Bild 1). Die Teigränder mit versprudeltem Ei bestreichen und die restlichen Teigquadrate darauflegen und rundum gut andrücken.
- Sodann die Taschen auf ein mit Backpapier ausgelegtes Blech setzen, mit einer Gabel einstechen und an der Oberfläche ebenfalls mit Ei bepinseln. Zuletzt mit Mandeln belegen (Bild 2). Im vorgeheizten Backofen etwa 20 Minuten lang zu schöner Farbe backen.
- Besonders köstlich schmecken die Birnentaschen, wenn sie ofenwarm serviert werden.

Zubereitungszeit 1 Stunde

1

2

3

Steirisches Birnenbrot

Vorbereitung

- Die Dörrbirnen/Kletzen am Vortag in lauwarmem Wasser einweichen oder in heißem Wasser aufkochen, danach abkühlen lassen und die Stiele und die Kerngehäuse entfernen. Die Dörrbirnen/Kletzen, Feigen und Dörrpflaumen/-zwetschken kleinwürfelig schneiden.
- Das Mehl in eine Schüssel geben und das Wasser zugeben, die Hefe/Germ einbröseln (Bild 1) und alles zu einem glatten Teig verarbeiten. Anschließend den Teig rasten lassen.
- Die Früchte mit Zimt- und Nelkenpulver gut vermischen, Zucker, Salz, Haselnüsse und Walnüsse zugeben und 1 Stunde ziehen lassen. Danach die Früchte-Nuss-Masse mit dem Teig gut verkneten und nochmals kurz rasten lassen. Den Backofen auf 210 °C vorheizen.

Zubereitung

- Die Kastenformen mit Butter ausstreichen und mit Mehl bestauben. Den Teig in zwei Teile teilen und in der Länge der Kastenformen 2 Wecken (Brot in länglicher Form) formen (Bild 2). Die Wecken in die Formen legen und 1 Stunde gehen lassen (Bild 3).
- Anschließend das Birnenbrot im Backofen 10 Minuten bei 210 °C und anschließend bei 180 °C 40 Minuten backen.
- Zuletzt die Wecken aus dem Backofen nehmen, stürzen und auskühlen lassen.

■ Tipp

An einem kühlen Ort, in Folie eingewickelt, bleibt das Birnenbrot bis zu acht Wochen frisch.

Zubereitungszeit 2 Stunden, am Vortag vorbereiten

Zutaten (2 Kastenformen)

350 g Dörrbirnen/Kletzen
150 g Feigen
100 g Dörrpflaumen/-zwetschken
1 TL Zimtpulver
1 MS Nelkenpulver
60 g Walnüsse
80 g Haselnüsse
250 g Mehl, glatt
20 g Hefe/Germ
1/2 l lauwarmes Wasser
80 g Zucker
1/4 TL Salz

Butter und Mehl für die Kastenformen

Apfelsahne-Torte mit Ingwer

Zutaten (12 Stück)
30 g Puder-/Staubzucker
3 Eier
75 g Mehl
etwas Vanillezucker
etwas Zitronenschale
30 g Kristallzucker

Apfelsahne
4 Äpfel
einige Gewürznelken
1/2 Zimtrinde
1/2 Zitrone
200 g Zucker
400 ml Wasser
1 TL Ingwer, gemahlen
1/4 l Sahne/Obers
6 Blatt Gelatine

Puder-/Staubzucker zum Bestreuen
Apfelecken und Melisseblätter zum Garnieren

1 Tortenreifen, 26 cm
Backpapier
Tortenkarton

Zubereitungszeit 1 3/4 Stunden, am Vortag bereiten

Vorbereitung

- Den Backofen auf 180 °C vorheizen. Den Tortenreifen mit Papier einschlagen, dass ein Boden entsteht, und auf ein Blech setzen.
- Die Eier trennen. Puder-/Staubzucker, Eigelbe/Dotter, Zitronenschale und Vanillezucker schaumig rühren. Die Eiweiße/Eiklar mit Zucker zu steifem Schnee schlagen und in die Eigelbmasse geben.
- Danach das Mehl unterheben, anschließend die Masse in den Tortenreifen füllen und im Backofen 45 Minuten backen.
- Für die Apfelsahne die Äpfel schälen, in Spalten schneiden und die Kerngehäuse entfernen. Wasser, Zitrone, Zimtrinde und Gewürznelken zum Kochen bringen, die Apfelspalten einlegen (Bild 1) und weich kochen. Danach den Fond abseihen und die Nelken, die Zimtrinde und die Zitrone entfernen.
- Den Fond beiseite stellen. Die Äpfel im Mixglas pürieren und je nach Bedarf etwas Fond zugießen, bis ein dickflüssiges Mus entsteht. Danach auskühlen lassen.

Zubereitung

- Die Torte aus dem Reifen schneiden und einmal quer durchschneiden. Einen Tortenkarton auf eine Tortenplatte legen, den Rand des Tortenreifens mit Papierstreifen auslegen, den oberen Tortenteil verkehrt herum in den Tortenreifen einsetzen und gut andrücken.
- Die Gelatine einweichen, die Sahne/das Obers steif schlagen, das Apfelmus zugeben und den Ingwer einrühren. Die Gelatine gut ausdrücken, im Wasserbad auflösen, in die Apfelsahne geben und gut vermischen.
- Die Apfelsahne in den Tortenreifen füllen (Bild 2), den zweiten Tortenteil mit dem Boden nach oben darauflegen und gut andrücken.
- Die Torte 2–3 Stunden in den Kühlschrank stellen, danach den Tortenreifen vorsichtig nach oben abziehen und das Papier entfernen. Zuletzt die Torte mit Puder-/Staubzucker bestreuen und mit Apfelecken und Melisseblättern garnieren.

1

2

Mohnstrudel mit Äpfeln

Vorbereitung

- Den Blätterteig bei Zimmertemperatur ca. 1 1/2 Stunden auftauen lassen. Die Äpfel schälen, vierteln, entkernen und in Spalten schneiden.
- Die Milch mit etwas Wasser, Honig, Zucker, Vanillezucker und Zitronenschale aufkochen lassen, die Löffelbiskuitkrümel/Biskottenbrösel einmengen und kurz verkochen lassen (Bild 1). Sodann den Mohn, die Rosinen, den Zimt und den Rum beifügen und aufkochen lassen.
- Zuletzt die Apfelspalten beifügen und die Masse erkalten lassen.

Zubereitung

- Den Backofen auf 200 °C vorheizen. Den Blätterteig auf einer bemehlten Arbeitsfläche dünn zu einem Rechteck ausrollen, das Teigrechteck zurechtschneiden und die Teigreste für eine spätere Verzierung beiseite legen.
- Die Fülle in der Teigmitte der Länge nach verteilen (Bild 2) und die Teigränder mit versprudeltem Ei bestreichen. Den Teig zu einem Strudel einrollen und mit der Naht nach unten auf ein mit Backpapier ausgelegtes Blech legen.
- Den Strudel an der Oberfläche mit Ei bepinseln, aus den Teigresten eine beliebige Verzierung anfertigen und sie auf den Strudel legen. Diese ebenfalls mit Ei bestreichen.
- Den Strudel sodann im vorgeheizten Backofen etwa 40 Minuten lang backen. Danach auf dem Blech völlig erkalten lassen und anschließend erst portionieren.

Zubereitungszeit 1 1/4 Stunden

Zutaten (12 Stück)

1 Pck. Blätterteig (330 g)
1/8 l Milch
etwas Wasser
50 g Honig
50 g Kristallzucker
1 Pck. Vanillezucker
Schale von 1/2 Zitrone, gerieben
100 g Löffelbiskuitkrümel/Biskottenbrösel
150 g Mohn, gemahlen
70 g Rosinen
1 Prise Zimt
1 großes Schnapsglas Rum
2-3 säuerliche Äpfel

Ei zum Bestreichen
Backpapier für das Blech

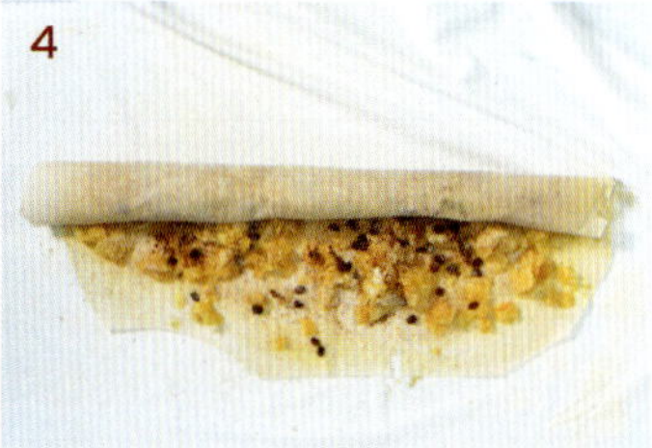

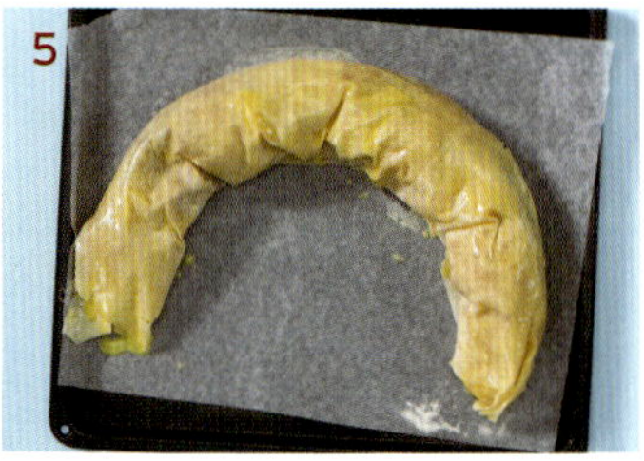

Apfelstrudel

Zutaten (8–10 Portionen)

Teig
300 g Mehl, glatt
25 ml Öl
5 g Salz
150 ml lauwarmes Wasser
Öl zum Bestreichen

Fülle
1,5 kg Äpfel
100 g Butter, flüssig, zum Bestreichen
100 g Paniermehl/Semmelbrösel
120 g Kristallzucker
60 g Rosinen
Zimt, gemahlen

Vorbereitung

- Das Mehl in eine geeignete Schüssel sieben, in die Mitte eine Vertiefung drücken und das Öl sowie das Salz hineingeben. Nach und nach das Wasser zufügen und alles zu einem glatten Teig verkneten, der sich gut von der Hand lösen soll.
- Den Teig mit Öl bestreichen, damit er keine Haut bilden kann, und bei Zimmertemperatur 1/2 Stunde rasten lassen.
- Die Äpfel waschen, schälen, vierteln, die Kerngehäuse entfernen und die Äpfel in dünne Scheiben hobeln oder schneiden.

Zubereitung

- Auf dem Arbeitstisch ein Tuch auslegen und dieses gleichmäßig mit Mehl bestauben. Den Teig ebenfalls leicht bemehlen, auf das Tuch legen und mit einem Nudelholz/Nudelwalker so dünn wie möglich ausrollen (Bild 1). Dann mit beiden Handrücken unter den Teig fahren und diesen langsam in alle Richtungen so dünn ausziehen, dass man durch den Teig hindurch eine Zeitung lesen könnte (Bild 2).
- Den ausgezogenen Teig mit 3/4 der flüssigen Butter bestreichen und das Paniermehl/die Semmelbrösel, den Zucker, die Äpfel, die Rosinen und das Zimtpulver darauf gleichmäßig verteilen (Bild 3).
- Mit Hilfe des Tuches den Teig zu einem Strudel einrollen (Bild 4) und mit der Teignaht nach unten auf ein mit Backpapier ausgelegtes Backblech setzen. Zuletzt mit der restlichen Butter bestreichen (Bild 5).
- Im vorgeheizten Backofen bei 180 °C 40 Minuten backen.

■ Tipp
Wie für alle Strudelspezialitäten gilt auch für diesen, den Strudel am besten zu essen, wenn er noch heiß ist. Auf keinen Fall kühlschrankkalt servieren!

Zubereitungszeit 1 1/2 Stunden, Wartezeit 1/2 Stunde

1

2

Apfeltorte

Zutaten (12 Stück)
1 kg Äpfel
6 Eier
210 g Zucker
150 g Butter
220 g Mehl
1 Pck. Backpulver
Saft von 1 Zitrone
1 Prise Salz

40 g Kristallzucker zum Bestreuen
Butter und Mehl für die Form (24 cm Durchmesser)

Vorbereitung

- Die Äpfel waschen, schälen, von den Kerngehäusen befreien und in Zitronenwasser legen (Bild 1).
- Die Eier trennen. Zucker, Butter und Eigelbe/Dotter schaumig schlagen, die Eiweiße/Eiklar mit Salz zu steifem Schnee schlagen. Das Mehl mit dem Backpulver vermischen und abwechselnd mit dem Eischnee unter die Eigelbmasse mischen.
- Den Backofen auf 180 °C vorheizen.

Zubereitung

- Eine Springform mit Butter bepinseln, mit Mehl ausstauben und die Masse einfüllen.
- Die Äpfel aus dem Zitronenwasser nehmen, vierteln und ringförmig auf die Tortenmasse legen (Bild 2). Die Torte mit Kristallzucker bestreuen und im Backofen 1 Stunde backen.
- Die Torte aus dem Backofen nehmen, überkühlen lassen und erst dann in Portionen schneiden.

Zubereitungszeit 1 1/2 Stunden

Spanischer Apfelkuchen

Vorbereitung
- Die Äpfel waschen, schälen und das Kerngehäuse entfernen.
- Dann in kleine Würfel schneiden, in eine Schüssel geben, den Rum darübergießen und zugedeckt ziehen lassen.

Zubereitung
- Aus den restlichen Zutaten einen Rührteig herstellen und die vorbereiteten Äpfel darunterheben.
- Den Teig in die ausgebutterte Springform füllen und im vorgeheizten Backofen bei 175 °C ca. 60 Minuten backen.
- Den Kuchen auskühlen lassen und mit Schokoglasur überziehen.

■ Tipp
Der Kuchen schmeckt am besten nach 1-2 Tagen!

Zubereitungszeit 1 1/2 Stunden

Zutaten (12-16 Stück)
4 Eier
250 g Kristallzucker
1 Pck. Vanillezucker
250 g Butter
250 g Mehl
1 Pck. Backpulver
200 g Haselnüsse, gerieben
2 EL Kakao
1 TL Zimt
4-5 Äpfel
8 EL Rum, 40 %
Schokoglasur

Springform (24 cm Ø)
Butter für die Springform

Birnen-Flip

Zutaten (4 Portionen)
2-3 große, reife Birnen
Saft von 1/2 Zitrone
80 g Kristallzucker
1/4 l Weißwein
1/8 l Wasser
1 Stückchen Zimtrinde
einige Gewürznelken
1/2 l Joghurt
1 großes Schnapsglas Williamsbrand

Zimtpulver und Minzeblättchen zum Garnieren

Vorbereitung

- Den Wein mit 1/8 l Wasser, Zucker und Zitronensaft sowie der Zimtrinde und den Gewürznelken zum Kochen bringen.
- Die Birnen waschen, schälen und halbieren, die Kerngehäuse entfernen. Die Birnenhälften in Stücke schneiden und in der Wein-Zucker-Lösung zugedeckt etwa 10 Minuten lang weich dünsten. Anschließend kalt stellen und danach gut kühlen.
- Den Joghurt und die Gläser gut vorkühlen.

Zubereitung

- Die Zimtrinde und die Gewürznelken entfernen und die erkalteten Birnen zusammen mit dem Saft im Mixer pürieren. Den kalten Joghurt zugeben, aufmixen und zuletzt den Williamsbrand beifügen.
- Den Birnen-Flip in den vorgekühlten Gläsern anrichten und – garniert mit Zimtpulver und Minzeblättchen – servieren.

Zubereitungszeit 30 Minuten

Birnen-Nekta

Zutaten (1 l Nektar)
1 kg Birnen, vollreif
1/2 l Mineralwasser
250 g Fruchtzucker
1 MS Apfelsüße/Apfelweiß
(in Drogerien erhältlich)

Vorbereitung

- Die Birnen waschen, schälen und die Stiele und die Kerngehäuse entfernen. In einen geeigneten Topf geben und mit allen Zutaten weich kochen.

Zubereitung
- Alles in einem Mixer pürieren und auskühlen lassen.
- Vor dem Servieren nochmals mit einem Stabmixer kurz pürieren und in vorbereitete kalte Gläser eingießen.

■ **Tipp**
Ist auch für Diabetiker ein delikates Getränk.

Zubereitungszeit 30 Minuten

Birnen-Ingwer-Saft

Zutaten (ca. 1,5 l)
1,5 kg Birnen (Gute Luise)
1 EL Ingwer, geschält und fein gerieben
500 g Kristallzucker
1/2 Zimtstange
5 Nelken
Saft von 2 Zitronen

Vorbereitung
- Die Birnen waschen, den Stiel entfernen und die Früchte klein schneiden.

Zubereitung
- Die Birnenwürfel in einer Schüssel mit allen Zutaten vermischen, anschließend in einen Dampfentsafter geben.
- Den entstehenden Saft in einem Topf auffangen, abschmecken, gleich in heiß ausgespülte Flaschen mit Schraubverschluss füllen und kalt stellen.

■ **Tipp**
Bereits angebrauchte Flaschen sollten möglichst nicht zu lange gelagert werden.

Zubereitungszeit 40 Minuten

Birnenkonfitüre* mit Erdbeeren

Zutaten (1 kg Konfitüre/Marmelade)
700 g Birnen
500 g Gelierzucker
5 g Zitronensäure
Saft von 1/2 Zitrone
150 g Erdbeeren

*Konfitüre = Marmelade

Vorbereitung
- Die Birnen waschen, schälen, entkernen und in 1 cm große Würfel schneiden.
- Von den Erdbeeren die Blätter entfernen, dann die Früchte in kleine Spalten schneiden.

Zubereitung
- Die Birnen mit Gelierzucker, Zitronensäure sowie Zitronensaft aufkochen und 5 Minuten sprudelnd kochen lassen.
- Die Erdbeeren untermischen, ganz kurz auf dem Herd stehen lassen, dann die heiße Konfitüre/Marmelade in heiß ausgespülte Einmachgläser füllen. Diese gut verschließen und kühl stellen.

Zubereitungszeit 30 Minuten

Apfelpunsch

Zutaten (4 Portionen à 1/4 l)
750 ml Schwarztee, kräftig und heiß
100 ml Apfelsaft
100 ml Orangensaft, frisch gepresst
Saft von 1 Zitrone
1 Zimtrinde
2 Nelken
4 EL Honig oder 4 EL Kandiszucker
1 Apfel

Vorbereitung
- Den Schwarztee, den Orangensaft, den Apfelsaft, den Zitronensaft, die Zimtrinde, die Nelken und den Honig oder den Kandiszucker aufkochen und zugedeckt 20 Minuten ziehen lassen.
- Den Apfel waschen und zuerst in dünne Scheiben, danach in sehr kleine Würfel schneiden.

Zubereitung
- Den Apfelpunsch abseihen und in einen passenden Krug gießen. Die Apfelwürfel zugeben und danach in Gläsern servieren.

■ Tipp
Der Apfelpunsch kann auch mit Rum oder Apfelschnaps verfeinert werden.

Zubereitungszeit 30 Minuten

Apfelmilch

Zutaten (1 Portion)
1/8 l Milch
1/8 l Apfelsaft
etwas Honig oder Zucker

Zubereitung
- Die beiden Zutaten vermischen oder mit einer Schneerute gut aufschäumen, etwas süßen und sofort und sehr kalt servieren.

■ Tipp
Die Zutaten sollen sehr gut gekühlt sein, damit die Milch nicht gerinnt.

Apfelmost-Bowle

Zutaten (ca. 2 Liter)
1 1/4 l Apfelwein/Most
1/8 l Sherry
1 großes Schnapsglas Weinbrand
3/4 l Sodawasser
Saft und Schale von 1/2 Zitrone
etwas Zucker
etwas Muskatnuss, gemahlen
Ananas- oder Vanilleextrakt nach Belieben
etwas Eisenkraut und Borretsch

Zitronenschalestreifen zum Garnieren

Vorbereitung

- Die Zitrone dünn schälen und auspressen.

Zubereitung

- Den Apfelmost, den Sherry, den Weinbrand, das Sodawasser, den Zitronensaft und die Zitronenschale in eine Schüssel geben und den Zucker, die Muskatnuss und den Ananas- oder den Vanilleextrakt nach Geschmack beifügen. Etwas Eisenkraut und Borretsch – wenn vorhanden – wegen des Geschmacks zugeben und danach die Flüssigkeit einige Zeit kalt stellen.
- Vor dem Servieren in ein vorbereitetes Bowlegefäß abseihen und mit einigen Streifen Zitronenschale garnieren.

Zubereitungszeit 10 Minuten

Heißes Apfelbier

Zutaten (1 1/4 Liter)
1 l dunkles Bier
6 Äpfel
etwas brauner Rohrzucker
1 Muskatnuss, gemahlen
etwas Ingwerwurzel, gerieben

Vorbereitung

- Die Äpfel schälen und die Kerngehäuse herausschneiden.
- Danach die Äpfel in einer feuerfesten Schüssel mit wenig Wasser im Backofen so lange braten, bis sie weich sind. Während des Bratens immer wieder mit der Flüssigkeit übergießen.

Zubereitung

- Die gebratenen, weichen Äpfel in eine Schüssel geben, fein zerdrücken und verrühren. Mit braunem Rohrzucker, gemahlener Muskatnuss und etwas geriebener Ingwerwurzel je nach Geschmack vermischen.
- Das Bier mäßig erhitzen (nicht kochen) und in die Apfelmischung gießen. Alles gut verrühren, danach in hohe Gläser füllen und servieren.

Zubereitungszeit 40 Minuten

Apfelkäse, ein Konfekt aus Äpfeln

Zutaten (1 Blech)
1,2 kg Äpfel
1/8 l Weißwein
1 kg Gelierzucker
Saft von 1 Zitrone
Schale von 1/2 Zitrone, unbehandelt und gerieben
Mark von 1 Vanilleschote

Öl für das Blech
Feinkristallzucker zum Wälzen

Vorbereitung

- Die Äpfel schälen, entkernen und in kleine Stücke schneiden, die Äpfel sollen geschält und entkernt 1 kg Frucht ergeben.
- In einem geeigneten Topf mit 1/8 l Weißwein zustellen und unter ständigem Umrühren so lange kochen, bis die Apfelstücke zerfallen. Danach den Fruchtbrei mit Zucker, Zitronensaft und geriebener Zitronenschale und dem Vanillemark kochen, bis die Masse sehr dick eingekocht ist.

Zubereitung

- Ein Backblech mit Öl befetten und das Mus 1–1,5 cm dick darauf streichen. Im Backofen bei milder Hitze oder an einem warmen, luftigen Ort trocknen lassen, bis die Masse fest ist und sich schneiden lässt.
- Danach den Apfelkäse aufschneiden oder Formen ausstechen und diese in Feinkristallzucker wälzen.

■ Tipp
Dieses Konfekt soll an einem kühlen Ort aufbewahrt werden.

Zubereitungszeit 2 Stunden